中国特色高水平专业群建设成果
"十四五"职业教育贵州省规划教材

休闲农业

王 琨　崔志钢　主编

本书配套资源

北京理工大学出版社
BEIJING INSTITUTE OF TECHNOLOGY PRESS

版权专有 侵权必究

图书在版编目（CIP）数据

休闲农业 / 王琨，崔志钢主编 . -- 北京：北京理工大学出版社，2023.8 重印

ISBN 978-7-5763-0725-2

Ⅰ . ①休… Ⅱ . ①王… ②崔… Ⅲ . ①观光农业 – 高等学校 – 教材 Ⅳ . ①F304.1

中国版本图书馆 CIP 数据核字（2021）第 248026 号

出版发行 /	北京理工大学出版社有限责任公司
社　　址 /	北京市海淀区中关村南大街 5 号
邮　　编 /	100081
电　　话 /	（010）68914775（总编室）
	（010）82562903（教材售后服务热线）
	（010）68944723（其他图书服务热线）
网　　址 /	http://www.bitpress.com.cn
经　　销 /	全国各地新华书店
印　　刷 /	定州市新华印刷有限公司
开　　本 /	787 毫米 × 1092 毫米　1/16
印　　张 /	10.5
字　　数 /	190 千字
版　　次 /	2023 年 8 月第 1 版第 2 次印刷
定　　价 /	41.00 元

责任编辑 / 曾繁荣
文案编辑 / 曾繁荣
责任校对 / 周瑞红
责任印制 / 边心超

图书出现印装质量问题，请拨打售后服务热线，本社负责调换

编写人员

主　编： 王　琨（铜仁职业技术学院）

　　　　　崔志钢（铜仁职业技术学院）

副主编： 赵会芳（铜仁职业技术学院）

参　编：（以姓氏笔画为序）

　　　　　王孝利（贵州华以农业科技有限公司）

　　　　　尹　琼（贵州农业职业学院）

　　　　　朱惠贞（厦门市甘露植福生态农业有限公司）

　　　　　任　玲（松桃苗族自治县中等职业学校）

　　　　　许　燕（松桃苗族自治县中等职业学校）

　　　　　孙聆睿（铜仁职业技术学院）

　　　　　宋　必（松桃苗族自治县中等职业学校）

　　　　　顾昌华（铜仁职业技术学院）

　　　　　徐小茜（铜仁职业技术学院）

　　　　　黄永修（厦门市农业技术推广中心）

主　审： 张　浩（铜仁职业技术学院）

　　　　　程　云（铜仁市农业农村局）

前言

19世纪30年代，城市化进程加快，人口急剧增加，为了缓解都市生活的压力，人们渴望到农村享受暂时的悠闲与宁静，体验乡村生活，于是休闲农业逐渐在意大利、奥地利等国家兴起，随后迅速在欧美国家发展起来。休闲农业是农业与旅游相结合的交叉产业，是指在充分利用及开发农村现有的设备与空间、农业产品、自然资源和人文资源的基础上，通过赋予旅游内涵为主题的规划、设计与施工，使其发挥农村与农业休闲游的功能，把农业建设与管理、农艺展示、农产品加工及旅游者的广泛参与融为一体，使旅游者充分领略现代新型农业艺术及农村生态环境，从而提升旅游品质，提高农民收入，促进农村发展的一种新型旅游业。目前，休闲农业已成为一个多产业、多学科高度融合的新型产业。

我国是一个历史悠久的农业大国，农业地域辽阔，自然景观优美，农业经营类型多样，农业文化丰富，乡村民俗风情浓厚多彩，在我国发展休闲农业具有优越的条件、巨大的潜力和广阔的前景。我国的休闲农业作为一个新兴的产业，虽然有着很好的发展前景和发展潜力，但是，经过30多年的建设，其发展仍处于起步阶段，在产品、经营、管理等方面存在着较多突出问题，在一定程度上阻碍了产业竞争力和高质量发展，与新农村建设的要求也不相适应。党的十八大以来，解决好"三农"问题作为全党工作的重中之重，全面打赢脱贫攻坚战，启动实施乡村振兴战略，推动农业农村取得历史性成就、发生历史性变革。田畴迎丰收，乡村气象新，希望的田野铺展乡村振兴壮美画卷，休闲农业产业迅速发展壮大。党的二十大报告提出，全面推进乡村振兴。发展乡村特色产业，拓宽农民增收致富渠道。坚持农业农村优先发展，坚持城乡融合发展，畅通城乡要素流动。发展休闲农业恰好是推动乡村振兴的最有力渠道之一，近年来，展现出了蓬勃的生机和巨大的发展态势。

编写本书过程中，编写团队主动融入了设施蔬菜生产、农业经济组织经营管理、家庭农场粮食生产经营、家庭农场畜禽养殖等1+X职业技能等级证书考核内容,以及教育部园林景观设计大赛、互联网+创新创业大赛等要求,侧重培养实际综合应用能力,结合相关专业课程设置实际,力求培养能够在休闲农业园区、观光植物园、休闲农业景区、生态旅游度假村、休闲农场、农(牧、渔)家乐、民宿等单位(场所)从事休闲农业常用蔬菜、花卉、果树的育苗及栽培,休闲农业园区植物配置与装饰,观赏动物养殖与驯导,休闲农业餐厅、客房服务,休闲农业导游,休闲农业网络销售等方面工作的具有休闲农业信息技术和数字技术应用的能力的生产经营领域的技能型人才,在每次的学习及技能训练中帮助学生树立服务乡村振兴的决心和信心,提高休闲农业运营人员的基本理论素质和知识技能水平,为我国休闲农业产业发展贡献力量。

本书编写组成员所从事的专业均与休闲农业产业息息相关,且开展了大量的职业教育改革研究。在编写过程中,分别到贵州、昆明、西双版纳、厦门、西安、深圳、北京、上海、泉州等地做了大量的实地调研、学习,走访了大量的休闲农业园区和生态农场,搜集整理了大量的休闲农业发展典型案例,为本书的编写奠定了基础。

本书共分六个模块12个单元,包含6个技能训练项目。本书由王琨、崔志钢任主编,赵会芳任副主编。具体编写分工如下:模块一由崔志钢、黄永修编写;模块二由崔志钢、尹琼编写;模块三由王琨、赵会芳编写;模块四由王琨、赵会芳编写;模块五由孙聆睿编写;模块六由徐小茜编写;图片及案例由许燕、任玲、宋必、黄永修、朱惠贞、王孝利、顾昌华负责整理编写;全书由王琨负责统稿。本教材承蒙铜仁职业技术学院张浩教授、铜仁市农业农村局农业资源区划研究中心主任程云高级农艺师审稿。

本书的编写还得到了其他教科研专家、专业领域专家、行企业专家专家朋友的悉心指导和大力支持,在编写本书的过程中,参考了大量的资料著作,在此一并致以诚挚的谢意。

由于编者水平有限,书中不足之处在所难免,敬请读者和广大同仁批评指正。

编　者

目录 CONTENTS

模块一　休闲农业的认知 …………………………………………… 1
- 单元一　休闲农业的基本认知 ……………………………………… 2
- 单元二　休闲农业的发展认知 ……………………………………… 8
- 技能训练一　家乡休闲农业调研 …………………………………… 17

模块二　休闲农业分类及模式分析 ……………………………… 19
- 单元一　休闲农业的分类 …………………………………………… 20
- 单元二　休闲农业模式认知 ………………………………………… 28
- 技能训练二　休闲农业模式案例分析 ……………………………… 45

模块三　休闲农业资源及开发 …………………………………… 47
- 单元一　休闲农业资源评价 ………………………………………… 48
- 单元二　休闲农业的创意开发 ……………………………………… 64
- 技能训练三　休闲农业资源收集及评价 …………………………… 73

模块四　休闲农业项目策划 ……………………………………… 75
- 单元一　休闲农业策划流程 ………………………………………… 76
- 单元二　休闲农业内容策划 ………………………………………… 84
- 技能训练四　休闲农业策划 ………………………………………… 104

模块五　休闲农业项目规划设计·················107

　　单元一　休闲农业规划开发的理论基础················108

　　单元二　休闲农业规划设计····················111

　　技能训练五　某休闲体验园规划设计················137

模块六　休闲农业经营管理···················139

　　单元一　休闲农业经营管理的认知·················140

　　单元二　休闲农业电子商务····················149

　　技能训练六　休闲农业经营管理模式分析··············156

参考文献·····························158

模块一

休闲农业的认知

项目导读

在我国，休闲农业是改革开放以来逐渐兴起的一种新型农业生产经营形态。它是第一产业、第二产业和第三产业的有机融合体，在促进农民就业增收，提高生活质量；提升居民消费需求，促进经济发展；调整农业结构，改善农业环境；传承农耕文明，建设美丽乡村等方面发挥着重要作用。因此，有必要充分认识和开发利用休闲农业，服务国家乡村振兴战略，为经济社会可持续发展，特别是农村经济和美丽乡村建设做出贡献。

> 休闲农业

单元一　休闲农业的基本认知

【知识目标】
1. 能说出休闲农业的基本内涵。
2. 能概括开发利用休闲农业的现实意义。
3. 能描述休闲农业的基本内容。

【技能目标】
搜集休闲农业的现实意义和基本内容方面的信息并进行整理。

【素质目标】
1. 培养学生热爱农业、开发农业、服务农业的情怀。
2. 具有科学严谨的工作态度。

一、休闲农业的基本内涵

19 世纪 30 年代，在意大利、奥地利等国家，人们厌烦了城市生活，渴望享受乡村生活的悠闲与宁静，休闲农业便应运而生。休闲农业最初只是精细农业的分支，后来得到世界各地的倡导和推行，演变成利用农业景观资源和农业生产条件，发展观光、休闲、旅游的一种新型农业生产经营形态，当前大有方兴未艾之势。

国内学术界虽尚未形成对休闲农业的统一定义，但休闲农业界定研究的落脚点主要分为以下两类。

第一类将休闲农业界定为一种新型农业。即从农业角度来看，休闲农业是利用农村田园景观和农村地域空间、农业生产经营活动、农村文化及农家生活、农村自然环境，给人们提供休闲服务，增进人们对农村的体验为目的的一种新型农业生产经营活动。

第二类将休闲农业界定为一种旅游产品。即从旅游角度来看，休闲农业被称为观光农业、旅游农业，是指在农村范围内，利用乡村自然环境、田园景观、农业生态、农业生产、农业经营、农业设施、农耕文化、农家生活等旅游资源，通过科学规划和开发设计，满足游客观光、休闲、度假、体验、娱乐、健身等多项需求的旅游经营方式。

学者们从旅游业和农业的角度出发，对休闲农业进行不同的定义，这也充分体现了休闲农业的两重性。因此可以说，休闲农业是以农业为基础，以休闲为目的，以服务为手段，以城市游客为目标，实现农村生产、生活、生态"三生同步"，第一产业、第二产业、第三产业"三产融合"，农业、文化、旅游"三位一体"的新型产业模式。从广义来看，休闲农业包括休闲林业、休闲渔业、休闲牧业、休闲副业等。

休闲农业将旅游与农业结构合为一体，充分利用农产品、农业经营活动、农业自然资源环境以及农村人文资源等吸引游客，增加其见识，娱乐其身心，从而达到寓教于乐，增进国民身心健康，增加农民收入，促进农村经济发展的目的。近年来，休闲农业在产业规模逐年壮大、产业类型逐渐丰富的同时，其发展方式也从零星分布、单一产业向规模集约、多产业一体化经营方向转变。休闲农业的规模经济性和产业集聚性特征要求休闲农业必须通过产业化发展进一步实现经济效益、社会效益和生态效益，带动农村经济发展，提升农村区域经济竞争力，是目前乡村振兴比较有效的手段之一。

二、发展休闲农业的意义

随着休闲农业的逐步发展，其存在的重要意义越来越为人们所认同，主要有以下5个方面。

（一）促进农村产业结构转型升级

当前农村产业结构转型升级，关系到农村是否能够摆脱过去的发展模式，走出一条可持续发展的道路。传统农业技术知识要求低，一直以来是我国农村主导产业，无法快速带动农村经济社会发展。在推进城乡经济一体化的建设过程中，通过提升农村种养殖产业素质，升级置换和重组种植产业要素，形成新的产业结构，以满足农村产业长远发展的需要，这其中最具吸引力和发展潜力的就是休闲农业。因此，加快现代休闲农业的发展，大力开发利用农村现有特色资源，延长种植业产业链，拓宽种植业功能，大幅带动餐饮业等相关产业的快速发展，促进农村产业结构转型升级，已成为各级政府创新农村发展模式和路径的通用手段，也是很多返乡农民工创业的重要形式之一。

（二）提升农村就业水平

近年来，休闲农业和乡村旅游快速壮大，各地政府联手大型企业，着眼高质量发展要求，加快推动乡村休闲旅游业转型升级，拓展种养殖业休闲观光、文化传承、科技普及、业态培育等多种功能，进一步完善政府扶持政策，吸引更多文旅企业、农业企业等下乡投资休闲农业，从供给端进一步释放农村劳动力市场活力，促进农民就地就近就业。现代休闲农业产业的快速高质量发展有效提升了农村居民的生活水平，提供了大量餐饮、酒店等服务行业优质就业岗位，增加了乡村居民收入，为乡村振兴打下较好的经济基础。

（三）丰富农业和旅游业产品类型

高效、持续发展的休闲农业综合体规划设计，将促成休闲农业与旅游业的有机完美结合，赋予当地农产品特色文化，拓宽营销范围，大幅提高经济效益；也可以拓展旅游的类型，如农业科技游、务农体验游、农耕文化游、民俗文化游、民居型农家乐、古民居和古宅院游等旅游形式，提升城镇居民旅游体验，愉悦身心健康。

（四）有助于社会和谐稳定

发展休闲农业有助于实现农村农民生活富裕，加快推动城乡一体化的进程，促进城乡统筹和互动。城镇游客将现代化的政治、经济、文化、意识等信息辐射到农村，使农民耳濡目染、门不出户就能接受现代化意识观念和生活习俗，进而提高农民综合素质；城镇游客也可感受农村百姓的质朴，体验农村的风土人情。休闲农业的发展，进一步促进了文化交流，增强了城乡居民之间的了解，有助于社会和谐稳定。

（五）有助于新农村文化建设

农村是我国传统文明的发源地，乡土文化的根不能断；农村不能成为荒芜的农村、留守的农村、记忆中的故园。通过发展现代休闲农业，引入大量外来投资，挖掘与创造农村文化，能够促进当地的文化遗产与非遗保护和传承，再将其与现代文化有机整合，进一步发展和提升农村文化，体现独一无二的魅力，形成新的文明乡风。

三、休闲农业研究的基本内容

江西婺源

（一）休闲观光种植业

休闲观光种植业是具有观光功能的现代化种植业，包括大田作物种植、经济作物种植和果树蔬菜种植等，可以向游客展示科研机构培育的具有较高观赏价值的作物和现代化农业栽培手段等农业最新成果。如观赏红叶生菜、细菊生菜、红甜菜头、羽衣甘蓝、银丝菜、紫甘蓝、五彩椒等极具观赏价值的特种蔬菜，体验设施农业、观光农业、无土栽培、精准农业等现代农业生产模式，乐享草莓天瀑、鱼菜共生、蔬菜树等多种栽培方式。如中国最美乡村——江西婺源圆了金色田园梦（见图1-1）。

（二）休闲观光林业

休闲观光林业是将森林、人工果园、天然林地等资源转化为旅游景观的一种兼顾森林生态、社会、经济效益为一体的休闲农业旅游形式。开发利用其所具有的多种旅游功能和观光价值，遵循生态环境的适宜性、整体性等价值观念，为城镇居民提供观光、采摘体验、森林浴、露营、探险等适宜空间场所。如图1-2所示。

图1-1 江西婺源

图1-2 休闲观光林业

（三）休闲观光牧业

休闲观光牧业是指具有观光价值的牧场、养殖场、狩猎场、森林动物园等，可为游客提供观赏并参与牧业生活或互动的场所。如各地的跑马场、狩猎场等。休闲观光牧业并不是畜牧与旅游的简单相加，而是一个包含农畜养殖、观光、科普、休闲、体验、环境保护等多功能于一体的多元有机结构，它可以实现畜牧业和旅游业的双赢。不仅拓宽了畜牧业的经营领域，而且提高了畜牧企业的经济效益，同时提高了畜牧企业的影响力和知名度，进而提升了行业的影响力。通过参与与牧民一道挤奶、放牧（见图1-3）等不同的体验项目，让游客在体验游中住宿牧家新房、品尝特色农畜产品，有效促进牧业人口向商业服务业转移，提升畜牧业整体效益。

图1-3 放牧体验

（四）休闲观光渔业

休闲观光渔业是利用滩涂、湖面、水库、池塘等水体，开展集养殖、游钓、休闲、娱乐、旅游观光、渔业特色餐饮于一体的休闲活动，是传统渔业功能和生态链延伸的一种很好的表现形式。可开展具有观光、参与功能的旅游项目，如海上观光、游钓艇、捕捞活动、学习养殖技术、驾驶渔船、水中垂钓、品尝水鲜等。如京郊的古北水镇圆了北方水乡梦（见图1-4）。

图1-4　古北水镇

（五）休闲观光副业

休闲观光副业是利用竹子、麦秸、玉米叶等，体验编造多种美术工艺品及其加工制作过程的旅游项目。例如，南方利用椰子壳制作的兼有实用和纪念用途的雕花茶具（见图1-5）；云南利用棕榈纺织的小人、脸谱及玩具等巧夺天工、实用美观的艺术品，可以让游客观看手艺人的精湛造诣或组织游人自己学习制作相关艺术品，提升游客旅游体验。

图1-5　椰子壳制作的雕花茶具

现代休闲农业往往会建立农林牧副渔土地综合利用的生态模式，注重生态性、趣味性、艺术性，延长产业链，生产丰富多彩、花样繁多的产品，常以林果粮间作、农林牧结合、桑基鱼塘等农业生态景观最为多见。如广东省珠江三角洲形成的桑、鱼、蔗互相结合的生态农业景观典范。还会与当地的名城古迹、特色建筑、特色民俗等形成一体化的观光区域，以更好地满足人们休闲娱乐的需要。

四、休闲农业的特点

休闲农业除了具有传统农业为人类提供粮、菜、果、肉、蛋、乳及木材等物质产品的基本属性外，还具有向居民提供旅游休闲服务的功能，主要表现为以下几方面的特征。

（一）乡土性

休闲农业模式发展的基础在于传统农业，尽管属于新型产业形态，但其首要工作还是开展农业生产经营活动，积极生产出绿色农产品和特色农产品。

（二）地域性

不同地理位置、自然环境、社会条件以及经济发展水平，使得休闲农业在不同地区之间表现出差异化的特征，其在吸引游客方面主要借助于乡村自然资源和民俗文化资源。客源市场也具有区域性，主要局限在较近的城市居民。

（三）融合性

休闲农业充分融合了第一产业、第二产业和第三产业，兼顾农业经济和旅游经济，促进农业和旅游业之间保持着良好结合。

（四）参与性

休闲农业是融知识性、科学性、趣味性为一体的农业生态科普园地。相较于一般的旅游活动，游客在休闲农业模式中的参与性更强，能够积极融入当地农民生活之中，观察和游览农业景观，在观赏农村风貌的同时感受农业生活状态，了解农业文明、学习农业知识、参与农业生产活动。

（五）季节性

农业生产是人们定向干预和调节下的生物再生产过程，尽管科学技术的发展使得农业生产依赖自然环境的程度日益弱化，但气候、季节等自然条件仍然在很大程度上影响着农业生产进程，这也使得休闲农业旅游活动季节性突出。

> 休闲农业

单元二　休闲农业的发展认知

【知识目标】
1. 能描述我国休闲农业发展的历史和现状。
2. 能概括国外休闲农业的发展历程。
3. 能阐明我国休闲农业发展存在的问题及原因。

【技能目标】
1. 能够根据休闲农业发展规律，推断休闲农业发展趋势。
2. 能列举自己家乡休闲农业发展中存在的问题。

【素质目标】
1. 养成实事求是、勇于创新的科学态度。
2. 培养热爱祖国的家国情怀。

一切事物，只有经过一定的过程才能实现自身的发展。自然界、人类社会和思维领域中的一切现象都是作为一个过程而向前发展的。国内外休闲农业也无一例外地经历了孕育积累、萌芽兴起、扩展延伸、发展鼎盛时期。总的来说，我国休闲农业起步虽晚，但发展很快。

一、国外休闲农业的发展

（一）国外休闲农业的发展历程

国外休闲农业经历了"孕育积累""萌芽兴起""扩展延伸""发展鼎盛"4个阶段，见表1-1。

表 1-1　国外休闲农业的发展历程及其标志

发展阶段	时期	标志
孕育积累	19世纪30年代以前	古埃及和中世纪欧洲的古典主义花园中种植各式各样的花卉、蔬菜和果树，教育和休闲活动的普及，各阶层逐渐接受农业生产景观。
萌芽兴起	19世纪30年代至20世纪70年代	1865年，意大利成立了"农业与旅游全国协会"，专门介绍城市居民到农村去体味农业野趣。休闲农业作为旅游业的一个分支，作为一个观光项目，也没有观光园的建立，只是游客到农村去，与农民同吃、同住、同劳作，或者搭起帐篷野营，或者在农民家中住宿。
扩展延伸	20世纪80年代至21世纪初	具有观光职能的观光农园如雨后春笋般兴起，以观光为主，结合购、食、游、住等多种方式进行经营，并相应地产生了专职从业人员，这标志着休闲农业不仅从农业和旅游业中独立出来，而且找到了旅游业与农业共同发展、相互结合的交汇点。
发展鼎盛	21世纪初至今	租赁观光农园经营的高级模式兴起，农场主将农园分片租给个人家庭或小团体，平日由农场主负责雇人照顾农园，假日则交给承租者享用。这种新型经营方式，目前在日本、法国、瑞士等国方兴未艾。

（二）国外休闲农业发展的经典模式

休闲农业率先在西方发达国家起步。而后随着世界经济的快速增长、科学技术的飞快发展以及城镇化进程的加快，休闲农业相继在世界各国得到了较快的发展，并逐步形成了较为成熟的发展模式。

1. 法国模式：环保生态功能型

法国的农业主要表现形式是以大田作物为主的大规模专业化农场，是一种环保生态型的休闲农业，注重突出农业的生态功能，利用农业把高速公路、工厂等有污染的地区和居民隔开，营造宁静、清洁的生活环境。该模式侧重理念创新，以环境保护为出发点，追求经济效益与生态效益协同发展。

2. 德国模式：社会生活功能型

德国的休闲农业注重对环保、科普教育及康体疗养功能的贡献，主要形式有市民农园和休闲农庄。

德国政府利用城市或近林区的荒地，规划成小块，出租给市民，打造市民农园。承租者可在农地上种花、草、蔬菜、果树等，或经营家庭农艺。通过亲身耕种，市民可以享受回归自然以及田园生活的乐趣。但在种植过程中，绝对禁用矿物肥料和化学保护剂，以此

> 休闲农业

体现休闲农业的社会生活功能。

休闲农庄主要建在林区或草原地带，起到蓄水、防风、净化空气及防止水土流失的环保功能；在德国，多数学校都有一个自己的有机农园，有的学校甚至还拥有一片森林或一个附属农场，可种菜、种花、种谷物，栽植浆果和果树，还可养些羊、牛、马、驴等。学生在园艺老师的带领下亲耕亲作，体验人类最基本的生产活动，起到科普教育功能、环保功能。有些农庄还有康体疗养功能。例如，在慕尼黑市郊，当地农民在政府的帮助下，开辟了骑术治疗项目，起到康体疗养功能。

3. 荷兰模式：高科技创汇型

荷兰是科技创汇型创意农业的典型代表。荷兰是一个欧洲小国，也是世界著名的低地国家，全国有四分之一的国土位于海平面之下，人均耕地面积很少。相对较差的农业条件，促使荷兰在农业方面不断创新，借助于发达的设施农业，依托于高科技含量的技术手段来带动农业的高效发展。主要特征是侧重于产品创新，突出科技力量，运用高科技手段对产品原有的品质与品牌进行双重提升，开发特色农业产品，从而最大程度的实现创意农业的效益，成为主要以园艺业和畜牧业为主的出口型的世界农业领先大国。

4. 日本模式：多功能致富型

日本的休闲农业是大力发展设施农业、观光休闲农业以及加工农业等多种形态的农业，主要以菜、稻、果树等田园的观光型农业、运用现代科技与先进的农艺技术，建立现代化的农业设施的设施型农业、特色的农副产品生产基地的特色型农业来展现农业与第二、第三产业有机结合，共同发挥生态、休闲、示范与服务等功能，是第一、第二、第三产业高效融合的集中体现，属于多功能致富型。该模式的突出特点在于重视产业的融合创新，强调综合性的发展。日本大分县的"一村一品"运动是休闲农业的先行者，该县因地制宜，把自己一些特有的东西（可以是某种农产品，也可以是一种文化或一首歌谣）打造成为日本全国乃至世界名牌产品。

5. 新加坡模式：都市农业新业态发展型

新加坡是一个城市经济国家，自然资源十分贫乏，大量依靠进口。近年来，新加坡引导农业向高科技、高产值的方向发展。现代农业科技园内不仅建设了生态走廊、蔬菜园、花卉园、热作园、鳄鱼场、海洋养殖场，而且展示了国内外先进农业科技成果，成为集农产品生产、销售、观赏于一体的综合性农业公园。现在，新加坡资助创建的这些具观赏休闲和出口创汇功能的高科技农业园区，已经形成完整的都市农业体系，并取得了良好的经济和社会效益，为提高食物供给的自给程度做出了重要贡献。

二、我国休闲农业的发展

（一）我国休闲农业的发展历程

我国休闲农业的发展经历了"孕育积累""早期兴起""初步发展""规范经营"4个阶段，见表1-2。

表1-2 国内休闲农业的发展历程及其标志

发展阶段	时期	标志
孕育积累	20世纪80年代之前	古代文人墨客的郊游和田园休闲活动等，在很早就已产生。城市居民到城郊远足度假旅游十分活跃，这种传统的郊游是以个人或家庭为单位的自助式休闲和观光活动，他们外出旅游的一切活动都自己解决。另一方面，他们的旅游对象也都未经过专门的旅游开发，处于一种"纯自然"状态
早期兴起	20世纪80年代到90年代	靠近城市和景区的少数农村根据当地特有的旅游资源，自发地开展了形式多样的农业观光旅游，如深圳市开办的荔枝节、在此时兴起的农家乐
初步发展	20世纪90年代至21世纪初	随着我国城市化发展和居民经济收入的提高，消费结构开始改变，人们在解决温饱之后，有了观光、休闲、旅游的新要求。靠近大、中城市郊区的一些农村和农户利用当地特有农业资源环境和特色农产品，开办了以观光为主的观光休闲农业园，开展采摘、钓鱼、种菜、野餐等多种旅游活动
规范经营	21世纪初至今	我国人民生活由温饱型全面向小康型转变的阶段，人们的休闲旅游需求开始强烈，而且呈现出多样化的趋势。休闲农业的功能由单一的观光功能开始拓展为观光、休闲、娱乐、度假、体验、学习、健康等综合功能

（二）我国休闲农业的发展现状

改革开放之初，我国出现了以观光为主的参观性农业旅游。20世纪90年代以后，观光与休闲相结合的休闲农业旅游开始发展。进入21世纪，观光、休闲农业有了较快发展。按照国际规律，人均GDP达到8000美元以上，将对休闲的需求呈现大幅增长。2016年，我国人均GDP迈过8000美元后，休闲农业也进入高速发展阶段。近年来，我国休闲农业

▶ 休闲农业

从旅游主题不明确，市场消费强度较低的个人、小群体和中小旅行社主导，转向大型企业集团介入开发与经营管理，标志着我国休闲农业进入成熟管理经营阶段。其具体表现在以下几个方面：产业规模不断扩大，示范点数量持续稳步增长，接待人次和营收呈现持续增长态势；产业类型更加丰富，更具体验性与趣味性，诸如早期农家乐、休闲度假农（山）庄、农业科技示范园区、农业观光园区、农业产业发展园区、农业丰收节活动等形式多元化发展；产业结构日益优化，一些布局科学、结构合理、特色明显的休闲农业产业带和产业群在大中城市周边、特色农业产业聚集区出现；产业发展方式也从零星分布、单一产业向规模集约、多产业一体化经营方向转变。

（三）我国休闲农业发展的城市经典模式

我国休闲农业将国外休闲农业的成功经验与自身农业的发展条件进行了有机结合并融会贯通、取长补短，率先在北京、上海等城市发展起来，之后慢慢辐射至全国各地。

1. 北京模式

北京创意农业的发展模式具体表现形式有"波龙堡酒庄""紫海香堤香草艺术庄园""百里山水画廊""大兴农业""北京观光南瓜公园""京承碧园"等，是集特色产业融合、特色产品开发、民俗文化融入以及低碳生态强化于一体，四者相互影响、相互作用，共同推动发展。

2. 上海模式

上海的休闲农业主张美形、美色、美味，最大程度的展示果蔬的美学效果。其主要通过高科技手段来生产创造高附加值、高奇异化的果蔬。上海休闲农业发展模式的典型案例是"一村一品"模式。

3. 成都模式

成都休闲农业发展的突出特点是在依托自身资源优势基础上，融入文化创意、产业融合等要素，发挥休闲农业的生态与休闲旅游功能，创造性地打造拥有高附加值的休闲农业模式。例如，成都打造以彩色猕猴桃和彩色创意农产品为核心的全球最大彩色创意农业园区，建设全球最大的彩色农产品加工出口和观光旅游园区，促进统筹城乡发展，建设创意农村。成都休闲农业最具代表性的三种模式是"五朵金花"模式、温江模式和双流模式。

四川三圣花乡
五朵金花

模块一　休闲农业的认知

4. 广东模式

广东模式注重农业、农产品与科技、文化等的有效融合，创造高附加值的产业、产品。典型代表是"陈村模式"。陈村镇依托在华南地区发达的花卉产业，多方面发展花卉产业科研、培训、展览、旅游等，以此推动该村花卉业的升级换代。

5. 台湾模式

台湾的休闲农业已经相当成熟，它主要强调资源特色，利用农业资源的丰富性满足人们求新求变的需求，利用农产品的多样性满足人们丰收的喜悦。多样化、精致化是其特点，经营者将农林牧渔生产、农家生活、农渔村文化、田园景观、自然生态纳入，精心设计规划，吸引顾客；通常是小而精，小而全，员工的服务质量与顾客满意度都较高。他们还强调休闲农业要"深耕细作"，在市场竞争中始终以自己的特色，形成竞争优势。经营休闲农业者成立有休闲农业发展协会，相互交流举办共同活动，使休闲农业走向精细的专业化分工。

（四）我国休闲农业发展存在的主要问题及原因

我国的休闲农业作为一个新兴的产业，虽然发展前景较好，但是，经过40多年的建设，其发展仍处于起步阶段，在产品、经营、管理等方面存在的问题较多，在一定程度上阻碍了产业竞争力，与新农村建设的要求也不相适应。问题主要表现在：产品类型不够丰富多样；产业布局不够科学合理；文化内涵挖掘不够深入；基础设施建设存在着明显滞后性；休闲农业服务水平不够高；受农地制度等诸多因素影响，我国休闲农业面临着产权不稳定、经营普遍亏损和碰触耕地红线等重大问题。

以上这些问题产生的主要原因，体现在以下几个方面：

（1）休闲农业政策性引导不够充分。政府没有针对休闲农业的具体发展情况进行全面规划和布局，导致其分布较为分散，很多农家乐、生态园都处在偏远地区，无法得到良好的推广。政府没有积极推出一些科学有效的休闲农业支持政策，没有给予充分的配套资金作为保障，影响到基础设施建设的良好开展。

（2）业务创新和品牌营销不适应当前互联网的发展趋势。现代互联网发展背景下强调信息资源的共享，但是在休闲农业发展中对于互联网相关技术的利用程度较低，且信息资源共享程度较低，存在着休闲农业模式开发雷同的问题。

（3）没有形成特色文化品牌。休闲农业发展过程中要能够形成较为突出的特色，更好地吸引游客的注意力，打造特色的文化品牌旅游形象；但现实情况却是，当前很多休闲农业发展过程中都没有做好品牌定位工作，缺乏良好的旅游形象设计，没有突出的文化品牌。

（4）制度匹配更新不及时。亟待根据休闲农业发展特征，划定休闲农业区域，改革休闲农业用地制度，制定休闲农业建设标准，确保休闲农业健康发展。

（五）我国休闲农业发展策略

1. 发挥政府引导和政策支持的作用

政府在休闲农业模式的健康发展过程中，能够起到正面引导的作用，能够帮助当地休闲农业经营者开展科学合理规划和布局工作，促进休闲农业分布保持着良好的系统性、集中性和合理性。

首先，政府要和休闲农业经营者保持密切联系和合作，共同参与到市场调查工作中，发掘游客对于休闲农业看重的需求点，寻找当地休闲农业发展的良好基点和优势，为开展整个地区范围内的休闲农业规划工作，提供大量可靠的信息，避免经营者盲目开发和投资行为的出现。

其次，发挥政府的引导作用，主要在于政府组织相关部门和经营者，制定出科学可行的发展规划和实施计划，指导具体资金、用地、基建、信贷等方面活动的顺利开展，并充分利用现有资源，出台一些支持休闲农业健康发展的政策，强化财政资金的扶持，加强休闲农业发展用地保障，开展金融服务创新活动，以及科学指导资源利用方式等。

最后，政府要积极推出一些鼓励政策和优惠政策，吸引和留住优秀人才，鼓励社会资本积极投入到休闲农业发展过程中，促进当地村民主动参与到农村地区的创业和就业活动中。

2. 科学有效利用互联网相关技术手段

互联网时代的到来，信息技术、计算机技术的不断更新和进步，为休闲农业的长远发展提供了有力支持。

首先，充分整合地区性的各类型休闲农业项目，积极构建互联网休闲农业信息平台，休闲农业经营者可以在上面发布和寻找相关信息，并开展深入交流活动，沟通彼此之间的经营信息和经验心得，减少本地区休闲农业项目开发同质化和重复。在该信息平台上，政府、企业、社会投资者以及农户、具体的休闲农业投资项目之间都能够得到良好的对接，切实推进项目投资活动的顺利实施。该信息平台同时还是展现当地人文、经济、自然景观风貌的重要窗口。

其次，持续开展休闲农业经营业务创新，拓展互联网时代下的营销模式。一是要持续改革休闲农业生产模式，面向全国采购原材料，有效降低休闲农业生产的成本，从互联网大数据入手，细致分析和预测出休闲农业产品的生产量，准确评测出市场需求量，制定出科学的生产模式。二是要不断改革休闲农业营销模式。充分借助于互联网渠道、计算机技术手段，开展面向整个休闲农业客户市场的调研活动，结合全国性、地域性休闲农业项目开发情况，策划自身的项目建设品牌，并开展深入推广工作，实现互联网营销，拓展电子商务营销模式的实施范围，促进线上、线下销售模式的有机融合。

3. 开展特色文化品牌旅游

立足于本地自然资源、人文特色、风土人情以及社会特征，建设具有当地特色的餐饮、民宿，促进生态、经济、文化、科技以及旅游的深度融合，持续提升农产品的附加值，延长产业链条，积极打造出当地具有突出特色的文化品牌，推进休闲农业旅游活动产业的健康稳定发展。充分把握地域特色，发掘风俗特征、自然资源，集中本地优势，将乡愁作为卖点，营造出显著乡间生活的乡村氛围，创设出文化品牌，无论是在餐饮服务、住宿出行，还是风景名胜方面，都可以打上该品牌的标签，使其成为当地休闲农业的一种突出特征。在以乡愁作为突出特色的休闲农业中，可以唤醒人们对于乡村、乡土生活的深处记忆，并形成良好的印象。

（六）我国休闲农业发展的政策支持

2005年10月，中国共产党十六届五中全会通过《中共中央关于制定国民经济和社会发展第十一个五年规划的建议》，提出要按照"生产发展、生活富裕、乡风文明、村容整洁、管理民主"的要求，扎实推进社会主义新农村建设。在新农村建设中，休闲农业作为新型农业发展模式，在全国各地，特别是距离城市较近的交通方便的县、镇、村开展起来，是休闲农业在国内快速发展的标志。

2010年，原农业部（现农业农村部）和国家旅游局关于开展全国休闲农业与乡村旅游示范县和全国休闲农业示范点创建活动的意见指出，从2010年起，利用3年时间，培育100个全国休闲农业与乡村旅游示范县和300个全国休闲农业示范点。

为深入贯彻党的十八大和十八届三中、四中全会精神、中央一号文件和习近平总书记系列重要讲话精神，2014年，原农业部（现农业农村部）和国家旅游局继续开展全国休闲农业与乡村旅游示范县、示范点创建活动。2015年中央一号文件提出"推进农村有一、二、三产业融合发展，挖掘乡村生态休闲、旅游观光、文化教育价值"。

2016年中央一号文件再次提出"大力发展休闲农业和乡村旅游，使之成为繁荣农村、富裕农民的新兴支柱产业"，休闲农业在国民经济中的比重越来越大。

> 休闲农业

党的二十大报告指出,"全面推进乡村振兴。""加快建设农业强国,扎实推动乡村产业、人才、文化、生态、组织振兴。"

为深入贯彻落实中央农村工作会议和《中共中央、国务院关于做好2023年全面推进乡村振兴重点工作的意见》精神,持续拓展农业多种功能、挖掘乡村多元价值,大力实施乡村休闲旅游精品工程,拓宽农民增收致富渠道,培育乡村新产业新业态,促进宜居宜业和美乡村建设,农业农村部决定2023年继续开展中国美丽休闲乡村推介活动。

"十四五"时期是休闲农业转型升级的关键期,农业农村部将在新的发展阶段开展全国休闲农业重点县建设,以绿色引领、创业活跃、整合资源、传承文化、跨界融合、带农增收为原则,围绕拓展农业多种功能、丰富乡村产业业态、拓宽农民就业空间,建设300个在区域、全国乃至世界有知名度、有影响力的全国休闲农业重点县,形成一批体制机制创新、政策集成创设、资源要素激活、联农带农紧密的休闲农业创业福地、产业高地、生态绿地、休闲旅游打卡地。

项目小结

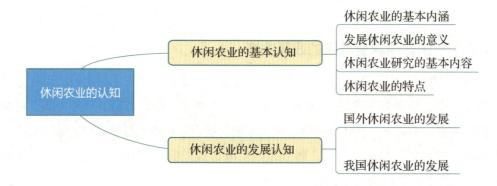

复习思考

1. 我国休闲农业发展趋势是怎样的?
2. 你认为休闲农业产业发展有哪些现实意义?
3. 你知道哪些休闲农业的成功案例?

 技能训练

技能训练一　家乡休闲农业调研

一、技能训练目标
1. 了解家乡休闲农业现状调研的方法。
2. 掌握调查问卷设计的基本思路。
3. 掌握调研方案和报告的基本写法。

二、技能训练材料与用具
电脑和调查问卷。

三、技能训练步骤
1. 查阅有关资料，起草调研方案。
2. 根据调研方案明确的内容，设计调研问卷。
3. 组织实施调研。
4. 整理调研问卷，分析调研数据。
5. 查阅资料，形成调研报告。

四、技能训练报告
1. 家乡休闲农业现状调研方案。
2. 家乡休闲农业现状调研问卷。
3. 家乡休闲农业现状调研报告。

> 调研报告的主要内容如下：
> 一、调研的基本情况
> （一）调研的目的
> （二）调研的时间
> （三）调研的地点、方式
> （四）调研内容、过程
> 二、调研中发现的问题
> 三、解决问题的建议

表1-3　家乡休闲农业调研实训评量表

| 专业班级： | | 组别： | | 姓名： | | 学号： | |

各位同学：

　　1. 为了体现休闲农业课程中家乡休闲农业调研的实训教学效果，请在老师的安排下按时提交调研方案、问卷、报告及本评量单；

　　2. 请针对下列评价项目并参酌"评量规准"，于自评、组评项按照A、B、C、D打分，再请老师复评。

符号向度	评量规准				自评	组评	教师复评
	A （80～100分）	B （60～80分）	C （0～60分）	D （0分）			
1. 调研方案（30%）	调研方案设计合理，可操作性强	调研方案设计不够合理，可操作性欠佳	调研方案设计不合理，可操作性差	无调研方案			
2. 调研问卷（20%）	调研问卷具有针对性，设计合理，可操作性强	调研问卷针对性欠佳，设计不够合理，可操作性欠佳	调研问卷不具有针对性，设计不合理，可操作性差	无调研问卷			
3. 调研报告（20%）	调研报告撰写结构合理，文字精练，建议等提炼到位准确	调研报告撰写结构合理，文字不够精练，建议等提炼不够到位准确	调研报告撰写结构不合理，文字不精炼，建议等提炼出现错误	无调研报告			
4. 调研组织开展（30%）	严格按照调研方案和调研问卷组织调研	绝大全部按照调研方案和调研问卷组织调研	一半以上未按照调研方案和调研问卷组织调研	未按照调研方案和调研问卷组织调研			
小计：							
合计：							
分享：							

评价教师：

模块二

休闲农业分类及模式分析

🔍 项目导读

国内外休闲农业类型和模式多种多样,不同的分类方法有不同的休闲农业类型,在模式上目前主要有田园农业模式、民俗风情模式、农家乐模式、村落乡镇模式、休闲度假模式、科普教育模式、回归自然模式。

休闲农业

单元一　休闲农业的分类

【知识目标】
1. 能说出休闲农业常见的类型。
2. 能够举例目前休闲农业的分类方式。

【技能目标】
1. 能够对某一休闲农业项目进行正确的分类。
2. 能够归纳总结不同类型休闲农业的优缺点。

【素质目标】
1. 养成耐心、细致、严谨的工作习惯。
2. 培养热爱农业、发展农业的情怀。

一、按功能分类

（一）观赏型

观赏型以国内外游客为主要服务对象，停留的时间较短。观赏的主要内容为农村自然景观（见图 2-1）、农事活动、现代农业技术成果，是传统的类型。它要求强化生产过程的知识佳、趣味佳和艺术佳，主要是通过郊区建立的小型农、渔、牧生产基地，既可以为城市提供部分时鲜农副产品，又可以获取部分观光收入。例如，新加坡兴建了农业科技公园，公园里不仅有名优花卉和珍稀动物供游客观赏，还生产名贵蔬菜和水果，配有循环水处理系统的养鱼池由纵横交错的水道组成，用计算机控制养分的菜园由新颖别致的栽培池组成。游人漫步其中，不仅心旷神怡，还可以大饱口福，其主要经济收入为农产品和手工制品的销售。

模块二　休闲农业分类及模式分析

图 2-1　观赏型休闲农业

（二）体验型

体验型以希望了解和学习农业生产的城市居民和学生为主要对象，旅游活动主要是采摘、购物和务农体验。例如，让游客亲自参加农耕作业，如松土，播种、育苗、施肥，亲自驾驭农耕机具，采茶、挖竹笋、拔花生、剥玉米、采水果（见图 2-2）、放牧、挤牛奶、抢鱼虾、农产品加工分类包装等。体验型旅游者停留时间较长，他们以学习、了解为主，按照农业生产要求从事生产活动，对正常农业农村生活影响小。经济来源以提供食宿为主。

图 2-2　体验型休闲农业

（三）休闲型

休闲型以希望回归自然的都市居民为主要对象，这部分游客的目的是在农村度过一段悠闲的时光，接触自然，感受自然。因此决定了其建设的特殊性，一般可与现有村落分离，采用农场、农园的形式效果更好，可按照游客的需要制订种植计划，调整农作物构成，开展一些采摘、垂钓、手工制作等活动。经济来源以农产品、手工品、娱乐项目的销售和食宿为主。例如，位于深圳市大南山山麓的青青观光农场，就是一家以农业为主题的休闲地，于1995年5月建成，年接待能力达300万人次。在这里，人与自然充分接触，置身于这片清新高雅的自然空间里，使人完全跳出城市生活节奏，远离都市的喧哗、繁华与拥挤，独自在松林间品香茶，观海景，抛开工作的压力，放松心情去体会"此时无声胜有声"的含义。

深圳青青世界

（四）度假型

度假型以城市中产阶层为主要客源，收入的增长、休假制度的不断完善以及消费观念的转变使他们有了足够的财力和时间去享受田园生活。这类度假场所要求有秀美的风光和便捷的交通，建筑以不破坏整体农村自然景观为原则，且要求设施齐全；安全卫生，符合城里人的生活习惯。可以对多余农舍进行改造，也可以修建专门的度假庄园。在日本，农户耕作面积比较小，但是比较突出秀丽的景色、农村文化和农副产品特色。在这些地方，农民将多余的农舍加以改造，提供给都市休闲度假者住宿。如图2-3所示。

图2-3 度假型水乡

（五）综合型

综合型应从整体区域规划着手，结合地理、人文景观将农业生产和上述几种类型的休闲农业整体规划有机地结合到一起，将指定区域建设成具有地区特色的、自然环境保护和生产相结合，借此吸引游客。目前，国内外正在开发的休闲农业项目有不少正朝着综合型、多功能型方向发展，使其不仅具有生态、生产、加工、销售、生活功能，还具有文化、娱乐、交流等功能。

模块二　休闲农业分类及模式分析

位于湖南省湘潭市西郊泉塘子镇的农博村（见图2-4），由农业科技示范区、绿色食品开发区和白鹭湖度假村三部分组成，是一个集观赏、体验、休闲、度假于一体的综合型休闲农业园。游客到这里登山观景，尽览绿水青山与蓬天白云，到田头看超级水稻共享丰收乐趣，到果农家的果林采摘水果，到奶牛场看奶牛、挤牛奶，到奶制品厂喝新鲜牛奶、到农家品尝购买土特产，自己动手到绿色食品开发基地采摘蔬菜，还可打开沼气自己炒菜，尽情享受乡间的奇趣、土趣、乐趣。

图2-4　农博村

二、按开发类型分类

（一）观光果园采摘型休闲农业发展模式

观光果园采摘型休闲农业发展模式是一种以优美乡村绿色景观和田园风光及独特的农业生产过程作为旅游吸引物，吸引城市居民前往参观、参与、购物和游玩的农业发展模式。

观光果园采摘型休闲农业发展模式以果林和园林为重点，开发采摘（见图2-5）、观景、赏花、踏青、购置果品等旅游活动，

图2-5　观光果园蓝莓采摘

23

> 休闲农业

让游客观看绿色景观,亲近美好自然。以大田农业为重点,开发欣赏田园风光、观看农业生产活动、品尝和购置绿色食品、学习农业技术知识等旅游活动,以达到了解和体验农业的目的。

(二)农务参与型休闲农业发展模式

农务参与型休闲农业发展模式是一种以农业资源为载体,以形式多样的参与型旅游活动为主要内容,以满足游客休闲娱乐、身心健康、自我发展需求的农业发展模式。

农务参与型休闲农业发展模式,又可称为农家型休闲农业发展模式,是一种以农民为经营主体,充分体现"住农家屋、吃农家饭、干农家活、享农家乐"的特色农业发展模式,让游客参与耕作、种植花草、蔬菜、果树或参与经营家庭农业,让市民体验休闲农业发展模式的全过程,享受由播种、管理到收获的农作乐趣。如图 2-6 所示,学校组织学生到乡村体验插秧。

图 2-6　学生体验插秧

(三)乡土民俗体验性休闲农业发展模式

乡土民俗体验性休闲农业发展模式是以乡村民俗、乡村民族风情及传统民族文化为主题,将休闲农业与文化旅游紧密结合的农业发展模式。

乡土民俗体验性休闲农业发展模式利用居住民俗、服饰民俗、饮食民俗、礼仪民俗、节令民俗、游艺民俗等,开展民俗文化游,利用民俗歌舞、民间技艺、民间戏剧、民间表演等,开展乡土文化游;利用民族风俗、民族习惯、民族村落、民族歌舞、民族节日等,开展民族文化游,是一种文化体验的现代"农家乐"。图 2-7 所示为体验民俗节日。

图 2-7　体验民俗节日

（四）科普教育型休闲农业发展模式

科普教育型休闲农业发展模式是一种以展现先进生产力与科学文化主题，拥有现代农村落景观与现代科技农业景观，为游客提供休闲、学习等特色型服务的农业发展模式。

科普教育型休闲农业发展模式兼顾生产、科技示范与科普教育功能，以农庄或农场旅游为主，包括休闲农庄、观光果园、茶园、花园、休闲渔场、农业教育园、农业科普示范园等，是一种在农业科研基地的基础上建设现代审美观念的特色型发展模式。如苏州的"未来农林大世界"，珠海的"现代农业王国"，厦门"猪小惠生态农场"等。这种发展模式对农业工作者进行实地作业、中小学生进行教学实习等均有十分重要的意义。如图 2-8 所示，学生在农业示范园学习植物知识。

苏州未来农林大世界

图 2-8　学生在农业示范园学习

三、按资源分布为标准分类

贵阳市的镇山村

（一）自然资源依托型休闲农业发展模式

自然资源依托型休闲农业发展模式依托周边原始的自然生态、人文生态景观与原始的乡村习俗，是以乡村生态体验游为主题的发展模式。或者说自然资源依托型休闲农业发展模式，是一种利用丰富的自然资源和便利的交通，保留着近乎原始而秀美的极强的文化与生态相融合的休闲农业发展模式。如广西壮族自治区桂林的阳朔、龙胜各族自治县的平安村、贵州省贵阳市的镇山村及江西省井冈山的拿山盆地等。

（二）古建筑文化景观依托型休闲农业发展模式

古建筑文化景观依托型休闲农业发展模式，是一种以古建筑文化景观为主，周边农业景观为辅，对当地保留比较完整的古代民居群和传统的民俗风情进行开发的发展模式。古建筑文化景观依托型休闲农业发展模式，主要体现在历史上曾是经济、文化和商贾云集的重地，后因改朝换代或交通改道，失去原有的地位与功能的特色地域。如江苏省昆山市的周庄、山西省的平遥古城、安徽省黟县的西递村、江西省乐安县的流坑村（见图2-9）等。

图 2-9　江西省乐安县的流坑村

（三）风土民情依托型休闲农业发展模式

风土民情依托型休闲农业发展模式，是一种以乡村田园风光为载体，依托本土乡村民俗、民族风情以及传统文化，开展具有本地民族特色的乡村民俗体验型休闲农业的发展模式。

（四）风景名胜依托型休闲农业发展模式

风景名胜依托型休闲农业发展模式，是一种对于不具备市场区位优势，利用风景名胜区的区位优势、资源互补组合优势和产业区位优势进行休闲农业开发的发展模式。

四、按经营模式分类

（一）个体农户经营型

个体农户经营模式是最简单和初级的一种模式。它主要以农户为经营主体，农民通过对自己经营的农、牧、果场进行改造和旅游项目建设，使之成为一个完整意义的旅游景区。个体农户经营模式通过个体农庄的发展，吸纳附近闲散劳动力，通过手工艺、表演、服务、生产等形式加入服务业中，形成以点带面的发展模式。其通常呈现规模小、功能单一、产品初级等特点。

在全国各地迅速发展的"农家乐"就是这一经营模式的典型代表。如湖南省益阳赫山区的"花乡农家"和内蒙古自治区巴彦淖尔市乌拉特中旗的"瑙干塔拉"，通过个体农户自身的发展带动同村的农牧民参与乡村旅游的开发，走上共同致富的道路。

（二）农户＋农户型

"农户＋农户"模式是由农户带动农户，农户之间自由组合，共同参与乡村旅游的开发经营。这也是一种初级的早期模式，通过农户间的合作，可以达到资源共享的目的。在远离市场的乡村，农民对企业介入乡村旅游开发有一定的顾虑，大多农户不愿把资金或土地交给公司来经营，他们更信任那些"示范户"。在这些山村里，通常是"开拓户"，首先开发乡村旅游并获得了成功，在他们的示范带动下，农户们纷纷加入旅游接待的行列，并从示范户学习经验和技术，在短暂的磨合后，就形成了"农户＋农户"的乡村旅游开发模式。这种模式通常投入较少，接待量有限，但乡村文化保留最真实，游客花费少还能体验最真的本地习俗和文化，是最受欢迎的乡村旅游形式。但受管理水平和资金投入的影响，通常旅游的带动效应有限。

（三）公司＋农户型

"公司＋农户"模式的主要特点是公司开发、经营与管理，农户参与。这种模式的形成通常是以公司买断农户的土地经营权，享受分红的方式让农户受益。它是在发展乡村经济的实践中，由投资企业推出的经营模式，因考虑了农户利益，在社区全方位参与中带动乡村经济的发展，农户参与到乡村旅游的开发，向游客展示真实的乡村农事活动和真实的农村文化。

> 休闲农业

单元二　休闲农业模式认知

【知识目标】
1. 能说出休闲农业不同模式的类型。
2. 能列举不同休闲农业模式的特点。

【技能目标】
1. 能对具体休闲农业项目进行模式及特征分析并描述。
2. 能自主学习国内外休闲农业发展的新模式。

【素质目标】
1. 培养耐心、细致、严谨的工作习惯。
2. 培养实事求是、团队协作的科学态度。

国内外休闲农业模式多样，目前主要有田园农业、民俗风情、农家乐、村落乡镇、休闲度假、科普教育、回归自然7种休闲农业模式。

一、田园农业模式

田园农业模式是把农村独有的农作劳动、特色新鲜农产品、优美的田园景观作为旅游吸引物，开发不同特色的主题旅游活动，如农业游、林果游、花卉游、渔业游、牧业游等，以满足游客体验农业、回归自然的心理需求。

（一）田园农业模式的主要类型

1. 田园农业游

田园农业游目的是让游客了解和体验农业；旅游活动是以大田农业为重点开发的欣赏田园风光、观看农业生产、品尝和购置绿色食品、学习农业技术知识等。目前发展比较成熟的有位于上海孙桥的现代农业园、北京顺义的三高科技农业试验示范区等。

2. 园林观光游

园林观光游的目的是让游客观看绿色景观，亲近美好自然。旅游活动是以果林和园林为重点开发的采摘、观景、赏花、踏青、购置果品等。如四川省泸州张坝桂园林。

3. 农业科技游

农业科技游的目的是让游客增长现代农业知识。旅游活动是让游客观看现代农业科技园区新技术、新品种、温室大棚内现代农业设施和生态农业发展模式等。如山东省寿光蔬菜博览园。

4. 务农体验游

务农体验游的目的是让游客接触实际的农业生产、农耕文化和特殊的乡土气息。旅游活动是让游客在乡村与农户同吃、同住、参加各种农业生产活动。如广东省高要市广新农业生态园。

（二）田园农业旅游模式典型案例

1. 山东寿光蔬菜博览园

寿光蔬菜博览园主要以农业科技游为主。中心面积35万平方米，设8个展馆（厅）、4个蔬菜规模化种植展厅和广场展位区，室内外展位2000多个。园内有欧式建筑、现代温室、克隆工艺、工厂化育苗等模式。如图2-10所示。

图2-10 山东寿光蔬菜博览园

> 休闲农业

例如，3号展厅主要以南方常绿果树展示为主，搭配部分热带植物、优质落叶果树、果树精品盆景及沙漠作物等。7号展厅主要展示国内外推广价值高或观赏性突出的大型西瓜树、地瓜树、黄瓜树等现代化栽培模式，厅内还展示有植物工厂种植、荧光蔬菜种植、蔬菜无土栽培、雾化栽培模式等国内外领先技术。

2. 杨凌现代农业示范园区创新园

杨凌现代农业创新园国际科技合作园占地106万平方米，是国家AAAA级旅游景区、科普教育基地。园区划分为3个功能区，分别是智能温室展示区、日光温室展示区、露地展示区。园区主要展示国内外农业高新科技成果，示范现代农业新品种、新技术、新模式等农业生物技术、工程技术及信息技术。如图2-11所示。

智能温室展示区总面积20736平方米，包括6个展示馆。一是工厂化育苗馆，展示种苗的标准化、规模化和设施化生产。其分为推介区、基质展览区、台湾农特产品展区、播种室、催芽室、苗木盆栽栽培区和炼苗区7个功能区。二是梦幻花卉馆，以无土栽培技术为核心，分为彩廊迭翠区、花美术馆展示区、密封主题花卉区、鸟语国花林休憩区，是一个供人参观、休闲、科普、娱乐及经营的现代花卉园艺展览馆。三是超级菜园，采用立柱栽培、袋栽、盆栽、槽栽等不同栽培形式，展示设施蔬菜工厂化生产模式，增强游客对农业生产的现场性、科普性和示范性的认识。四是无土栽培馆，应用槽式基质栽培、箱式基质栽培、雾培等现代设施，展示适合我国干旱半干旱地区栽培的新、奇、特蔬菜新品种。五是西部特色馆，以西部特有品种展示为主题，通过现代栽培技术，展现古老人文智慧的传承与现代科技文明的发展。六是现代农业创意馆，应用果菜、叶菜复合型雾培、管道栽培、立柱栽培等多种栽培方式和远缘嫁接、红薯空中结果等技术，将农产品和文化、艺术创意结合，展示未来农业发展方向。

图2-11 杨凌现代农业示范园区创新园

二、民俗风情模式

民俗风情模式是把农村风土人情、民俗文化作为旅游吸引物，并据此开发农耕展示、民间技艺、时令民俗、民间歌舞、节庆活动等旅游活动，以突出农耕文化、乡土文化和民俗文化特色，增加乡村旅游的文化内涵。

（一）民俗风情模式主要类型

1. 农耕文化游

农耕文化游是了解农业文化的一种旅游方式，如新疆维吾尔自治区吐鲁番坎儿井民俗园。这种模式主要是吸引游客观看农耕用具、体验农耕技艺、了解农耕节气、参与农产品加工等活动。

2. 民俗文化游

民俗文化游是了解民俗文化的一种旅游方式，如山东省日照任家台民俗村。这种模式主要是吸引游客观看居住民俗、服饰民俗、体验饮食民俗、礼仪民俗、参与节令民俗、游艺民俗等活动。

3. 乡土文化游

乡土文化游是了解乡土文化的一种旅游方式，如湖南省怀化荆坪古文化村。这种模式主要是吸引游客观看、体验、参与民俗歌舞、民间技艺、民间戏剧、民间表演等活动。

4. 民族文化游

民族文化游是了解民族文化的一种旅游方式，如漓江民俗风情园。这种模式主要是吸引游客观看、体验、参与民族风俗、民族习惯、民族村落、民族歌舞、民族节日等活动。

（二）民俗风情旅游模式典型案例

1. 贵州江口寨沙侗寨

江口寨沙侗寨位于贵州省铜仁市江口县，处于神奇的梵净山山麓，整个寨子青山环抱，掩映在茂林修竹之中，犹如世外桃源。该寨的典型建筑是寨门、圆形广场、侗寨的标志性建筑钟鼓楼、典型的侗家建筑农家乐、64栋二层吊脚楼。如图2-12所示。

图 2-12　贵州省江口寨沙侗寨

2. 贵州松桃苗王城

松桃苗王城位于贵州省铜仁市松桃苗族自治县正大乡,集山水、崖洞、泉瀑、峡谷、森林、原始村寨、军事巷道、苗族风情为一体,被誉为"千里苗疆第一寨",是各代苗王居住地,也是明朝嘉靖年间的龙西波和吴黑苗起义发生地。苗王城吊脚楼由五栋吊脚楼组合而成,嵌在悬崖峭壁之上,充分体现了苗族建筑的精华,是中国最有特色的吊脚楼群之一。其能攻、能守、能退,具有相当军事构筑工事水平,是独具风格的中国"南方长城"。如图 2-13 所示。

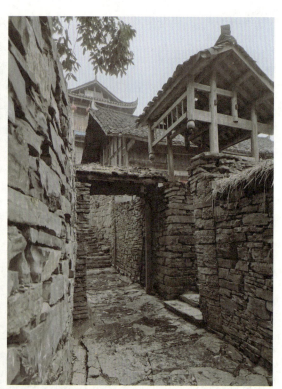

图 2-13　贵州省松桃苗王城

模块二　休闲农业分类及模式分析

三、农家乐模式

农家乐模式一般分布于城市近郊，是以农业和乡村消费为特点的旅游模式。该模式是农民利用自家庭院、自主生产的新鲜农产品及周围的田园风光、自然景点，进行美化和装饰，以淳朴的农家风光吸引城市居民前来吃农家饭、住农家屋、干农家活、享农家乐、购农家物的一种乡村旅游方式。

（一）农家乐模式主要类型

1. 农业观光农家乐

这种类型比较典型的有四川省成都龙泉驿红砂村农家乐和湖南省益阳花乡农家乐。它们是利用田园农业生产及农家生活作为旅游吸引物，吸引游客前来观光、休闲和体验的一种旅游模式。

2. 民俗文化农家乐

这种类型比较典型的有贵州郎德上寨的民俗风情农家乐。它是利用当地民俗文化作为旅游吸引物，引游客前来观赏、娱乐、休闲的一种旅游模式。

3. 民居型农家乐

这种类型比较典型的有广西省阳朔特色民居农家乐。它是利用当地古村落和民居住宅作为旅游吸引物，吸引游客前来观光旅游的一种旅游模式。

4. 休闲娱乐农家乐

这种类型比较典型的有四川省成都郫县农科村农家乐。它是以优美的环境、齐全的设施，舒适的服务为旅游吸引物，吸引游客前来吃、住、玩等的一种旅游模式。

5. 食宿接待农家乐

这种类型比较典型的有江西省景德镇的农家旅馆、四川省成都乡林酒店等。它是以环境和特色食品为旅游吸引物，吸引游客前来体验舒适、卫生、安全的居住环境和品尝可口特色食品的一种休闲旅游模式。

> 休闲农业

6. 农事参与农家乐

农事参与农家乐是以农业生产活动和农业工艺技术为旅游吸引物，吸引游客前来体验、参与的一种休闲旅游方式。

（二）农家乐模式典型案例

1. 小毛驴市民农园

小毛驴市民农园位于北京西郊，创建于2008年4月，占地15万平方米。小毛驴市民农园采用自然农业技术，尊重自然界多样性的种植方式，遵循种植和养殖结合的原理，传承传统农耕文化和乡土知识；采取社区支持农业（CSA）的经营理念，倡导健康、自然的生活方式。同时还推动实用技术研发、儿童自然教育、可持续生活倡导等多方面的公益项目。

2. 贵州郎德上寨

贵州郎德上寨坐落在苗岭主峰雷公山麓的丹江河畔，曾入选中国第一批"中国传统村落名录"，是中国民间艺术之乡、中国景观村落，奥运圣火走过的地方。

山寨背南面北，四面群山环抱。郎德苗寨寨前有一条弯弯的河流，河水清澈见底，寨南松杉繁茂，形似"护寨山"，寨北面有"风雨桥"，又名杨大六桥横跨于河畔上。寨内吊脚楼鳞次栉比，楼上装有"美人靠"坐凳，可供来客休息和姑娘们刺绣。村上的小路以鹅卵石铺设，干净整洁。寨中有一个占地面积350多平方米的铜鼓、芦笙场。场子模仿古代铜鼓面太阳纹的图案，以青褐色鹅卵石和料石铺砌成十二道光芒，朝着十二个方向伸展。铜鼓、芦笙场的两头，用鹅卵石、水泥镶嵌成飞奔的骏马。

寨子还是义军将领杨大六的大本营。芦笙场旁边有"杨大六文物博物馆"，馆内陈列着杨大六领导反清抗暴时的遗物刀、戈、戟、叉、头盔、九节铁炮等兵器。寨旁登上养牛坡，可观赏义军将领杨大六当年反清抗暴时筑起的碉堡和战壕。

进郎德上寨，首先要饮十二道拦路酒，这是苗寨的待客礼仪。十二道拦路酒分别是恭喜酒、善良酒、勤劳酒、勇敢酒、聪明酒、美丽酒、明理酒、诚实酒、宽宏酒、长寿酒、富裕酒、美满酒。在郎德将会欣赏到敬酒歌、苗族飞歌、芦笙舞、铜鼓舞、板凳舞、集体舞等丰富多彩的苗族民间歌舞。

郎德上寨还有苗族"招龙节"的习俗。习俗的由来是郎德上寨先民为了生殖繁茂，议定按地支13年一轮回，在农历二月招龙过一次鼓藏节。"招龙节"分为马年、羊年、猴年三年举行。马年、羊年全寨只杀一头猪祭祀,猴年家家户户都杀猪邀请亲朋好友进寨祝贺,主人赠送每处客人猪肉。欢跳芦笙盛会期为:马年9天,羊年11天,猴年13天(要单不要双)。到猴年活动最后一天结束时,举行"送鼓"仪式,把铜鼓藏起来,到下一届招龙节第一年(即马年)时,再去"请鼓"。

鼓藏节招龙的头一天,家家户户到河边捉"草鞋虫",每户带600 g米煮成草鞋虫稀饭,招龙仪式后,大家一起食用,以示求得到列祖列宗对寨上人的保佑,求得家庭和睦,男女老少事事顺意,像春天万物,枝繁叶茂,身体健康,聪明能干。

四、村落乡镇模式

村落乡镇模式是利用古村镇宅院建筑和新农村格局作为旅游吸引物,开发后吸引游客前来观光旅游的一种模式。

(一)村落乡镇模式主要类型

1. 古民居和古宅院游

古民居和古宅院游比较典型的是山西省王家大院和乔家大院、福建省闽南土楼等,其主要利用明、清两代村镇建筑为旅游吸引物,开发后吸引游客的一种观光旅游模式。

2. 民族村寨游

民族村寨游比较典型的是云南省瑞丽傣族自然村、红河哈尼族民俗村,其是以民族特色的村寨为旅游吸引物而开发的一种观光旅游模式。

3. 古镇建筑游

古镇建筑游比较典型的是山西省平遥古城、云南省丽江、浙江省南浔古镇、安徽省徽州镇,是以古镇房屋建筑、民居、街道、店铺、古寺庙、园林作为旅游吸引物,吸引游客前来观光的一种旅游方式。

4. 新村风貌游

新村风貌游比较典型的例子是北京市韩村河村、江苏省华西村、河南省南街村,是以现代农村建筑、民居庭院、街道格局、村庄绿化、工农企业为旅游吸引物,吸引游客前来观光的一种旅游方式。

> 休闲农业

（二）村落乡镇模式典型案例

1. 江苏华西村

华西村隶属于江苏省江阴市华士镇，位于江阴市区东，华士镇西，先后获得了"全国文明村镇""全国文化典范村示范点""全国乡镇企业思想政治工作先进单位""全国乡镇企业先进企业"等荣誉称号，并誉为"天下第一村"，是新村风貌游的典范。华西金塔七级十七层，高98米，是华西村的标志性建筑。华西村通过"一分五统"的方式，帮带周边20个村共同发展，建成了一个面积35平方千米、人口达3万多人的大华西，组成了一个"有青山、有湖面、有高速公路，有航道、有隧道、有直升机场"的乡村。2019年12月25日，国家林业和草原局评价认定华士镇华西新市村为国家森林乡村。

2. 西江千户苗寨

西江千户苗寨位贵州省于黔东南苗族侗族自治州雷山县西江镇南贵村，由10余个依山而建的自然村寨相连成片，是中国乃至全世界最大的苗族聚居村寨（见图2-14）。

图2-14　西江千户苗寨

西江千户苗寨居住的是"西"氏族苗族，苗家木质吊脚楼层层叠叠的分布在山坡上，咖啡色的老房子与碧绿的群山相辉映，白水河从寨子中间穿过，将寨子一分为二，河对岸的观景台可以俯瞰整个寨子。

模块二　休闲农业分类及模式分析

西江每年有苗年节、吃新节，每隔十三年有一次牯藏节。还有远近闻名的银匠村，手工制作苗族银饰，工艺水平极高。

五、休闲度假模式

休闲度假模式是依托周边的田园景观和民俗文化，开发建设休闲、娱乐设施，吸引游客观赏优美的乡野风景、舒适宜人的清新气候、体验独特的地热温泉、环保生态的绿色空间，集休憩、度假、娱乐、餐饮、健身为一体的一种旅游模式。

（一）休闲度假模式的主要类型

1. 休闲度假村

休闲度假村比较典型的案例是广东省梅州雁南飞茶田度假村。它是依托山水、森林、温泉，配套建设齐全、高档的设施，为游客提供优质的休闲、度假旅游服务。

2. 休闲农庄

休闲农庄比较典型的案例是湖北省武汉谦森岛庄园。它是以农民为经营主体，依托优越的自然环境、独特的田园景观、丰富的农业产品、优惠的餐饮和住宿为旅游吸引物，吸引城市居民前来休闲、观光旅游的一种新型休闲旅游形式。

3. 乡村酒店

乡村酒店比较典型的案例是四川省郫县友爱镇农科村乡村酒店。它是将农业景观、生态景观、田园景观与住宿、餐饮设施相结合，以餐饮、住宿为主，为游客提供乡村休闲体验的一种旅游方式，介于城市酒店和农家住宿之间，让游客能在农村享受到酒店级的服务。

（二）休闲度假模式典型案例

1. 铜仁市松桃县正大镇薅菜村

2020年，贵州省铜仁市松桃县正大镇薅菜村获得农业农村部认定的中国美丽休闲乡村称号。

松桃县正大镇薅菜村拥有峡谷自然风光、苗族聚居传统村落等自然资源，且苗疆古战场军事文化遗址、民俗风情等历史文化丰富，是一个以苗族历史文化、民俗风情文化为代

> 休闲农业

表,农旅一体化,生态农业为补充的多产融合旅游景区。

该村利用"贵州花鼓艺术之乡""中国民间文化艺术之乡""中国民间绝技文化艺术之乡""中国民族民间绝技绝艺文化研究基地"四张文化名片优势,开发民族风情表演场、三苗匠艺特色购物中心、苗王大峡谷游船、丛林溜索、悬崖玻璃桥滑道、苗王食府特色餐饮店、苗王茶艺体验店、苗王别院精品民宿等特色旅游项目,实现了民族文化传承与旅游产业发展的互惠双赢。

2. 遵义开元芳草地乡村酒店

该酒店位于贵州省桐梓县娄山关街道杉坪4A级娄山红韵旅游景区内,毗邻娄山关革命圣地。拥有万余亩天然林地,植被茂密,自然风情浓郁。酒店配备有30000m^2的天然大草坪,可开展户外婚礼、团建活动、研学活动、露营及篝火等娱乐活动,以及适应老年人活动的太极拳、瑜伽、八段锦等项目,适合亲子类活动的手绘风筝、植物拓印、射箭、草坪足球、草坪亲子卡丁车等项目。

六、科普教育模式

科普教育旅游模式是依托农业观光园、农业科技生态园、农业产品展览馆、农业博览园或博物馆,通过参观、体验等活动,让游客了解农业历史、学习农业技术、增长农业知识的一种旅游模式。

(一)科普教育旅游模式的主要类型

1. 农业科普教育基地

农业科技教育基地比较典型的案例是北京市昌平区小汤山现代农业科技园、陕西省杨凌全国农业科技农业观光园。它们是在农业科研基地的基础上进行建设,依托农业科学研究机构的科技综合优势,以高新农业技术为教材,向农业工作者和青少年学生展示新成果、新产品、新设施、新技术以及现代农业科普知识,是一种集农业生产、科技示范、科研教育为一体的新型科教农业园(见图2-15)。

图2-15 农业科普教育基地

2. 观光休闲教育农业园

观光休闲教育农业园比较典型的案例是广东高明蔼雯教育农庄。它是依托当地农业园区现代农业设施、农业生产过程、农业经营活动、优质农产品等资源环境，开展农业观光、DIY、参与体验等教育活动。

3. 科技农业园区

科技农业园区是采用新技术生产手段和管理方式，形成集生产加工、营销、科研、推广功能于一体，体现高投入、高产出、高效益的农业种植区或养殖区，吸引游客欣赏、了解农业新品种、现代化农业生产方法、新式设施设备的一种新的生产经营模式（见图2-16）。

图2-16　农业科技园

4. 少儿农庄

少儿农庄是依托当地农业种植、畜牧、饲养、农耕文化、农业技术进行开发建设，让青少年能够参与休闲农业活动，接受农业技术知识教育的一种科普教育旅游模式。

5. 农业博览园

农业博览园比较典型的案例是沈阳市农业博览园、山东寿光生态农业博览园。它们是将当地的特色农业资源收集后建设不同类型展区，向游客展示当地农业技术、农业生产过程、农业产品、农业文化的一种科普教育旅游模式。

（二）科普教育旅游模式典型案例

1. 林石嘴青少年科普教育基地

林石嘴青少年科普教育基地地处阳澄湖东，是由昆山阳澄湖文商旅集团助力建成

休闲农业

的"旅游+"新型研学场所。基地原创研发了"稻蟹混养"展现稻蟹共生的生态农业和以"水源地保护"为核心的水资源等一系列针对小学中高年级的品质课程,还有"稻香阳澄""芬芳阳澄"等农耕体验和艺术制作类课程,呈现综合实践类课程知识性、趣味性、互动性、体验性等多种特点,旨在让更多的小学生在课堂之外,学习了解生态农业和水资源保护的概念和方式。

2. 秦皇岛阿那亚儿童农庄

阿那亚儿童农庄位于秦皇岛北戴河阿那亚旅游度假村,是一个服务于整个度假村的儿童农庄乐园。其场地分为两部分,一部分是林中静谧冥想的空间,设计有简洁的木栈道、捕捉光影的亚克力屏风,可让人们感受自然界光与风的变化。另一部分是农场乐园,设计了鱼骨亭、鳗鱼长凳、海星花田、攀爬海螺和五爪章鱼滑梯等具有动物形态的互动景观元素,给场地赋予了独特的记忆点,能让游客享受与景观元素的互动,在玩耍的同时学习有关动植物、农业灌溉的知识。

七、回归自然模式

回归自然旅游模式是以农村优美的自然景观、奇异的山水、绿色森林、潺潺小溪、荡漾的湖水为旅游吸引物、吸引游客体验观山、赏景、登山、森林浴、滑雪、滑水等旅游活动,让游客感悟大自然、亲近大自然、回归大自然。

(一)回归自然模式的主要类型

1. 森林公园

森林公园是以大面积人工林或天然林为主体,经过修整可供短期自由休假的森林,或是经过逐渐改造使它形成一定的景观系统的森林,具有建筑、疗养、林木经营等多种功能。

2. 湿地公园

湿地公园是指依托湿地良好生态环境和多样化湿地景观资源,配套一定规模的旅游休闲设施的社会公益性生态公园,具有湿地保护与利用、科普教育、湿地研究、生态观光、休闲娱乐等多种功能。

3. 水上乐园

水上乐园是开发建设游泳池、人工冲浪、水上橡皮筏、水上乐园滑梯、漂流河、戏水小品、互动水屋等与水相关的娱乐设施及项目，吸引游客体验游玩的一种主题公园。

4. 露宿营地

露宿营地是依托自然风光，具有公共服务设施，占有一定面积的安全性有保障的娱乐休闲小型社区。营地一般配有运动游乐设备，可供人们使用自备帐篷、房车等露营设施或营地租借的小木屋、移动别墅、房车等，短时间或长时间居住、生活，同时安排一些娱乐活动、演出节目等。

5. 自然保护区

自然保护区是指对有代表性的自然生态系统、珍稀濒危野生动植物物种的天然集中分布、有特殊意义的自然遗迹等保护对象所在的陆地、陆地水域或海域，依法划出一定面积予以特殊保护和管理的区域。在不影响保护的前提下，自然保护区可把科学研究、教育、生产和旅游等活动有机地结合起来，向旅游者展示其生态、社会和经济效益。

（二）回归自然模式案例

1. 香纸沟欢乐园

香纸沟欢乐园位于贵州省贵阳市乌当区，占地面积 40000 多平方米，有五彩滑梯、大喇叭、巨洪峡、造浪池、太空盆、亲子水城等十余个项目，可同时容纳上万游客游玩。

2. 花溪国家城市湿地公园

花溪国家城市湿地公园位于贵州省贵阳市花溪区中心城区的北部。清乾隆年间，乡贤周奎就率子孙在此经营山水，在溪中叠石为坝，潴水为潭，疏浅渚为洲，修隙地为屿。1938 年，这里正式批建为公园，在麟山上建倚天亭、飞云阁，龟山上建清晖楼，蛇山上建归咏亭；在园中增建了憩园（东舍）和尚武俱乐部（西舍），取坝桥风月之意建了坝上桥，借旗亭画壁和宋人旗亭卖酒之典建了旗亭。中华人民共和国成立后，在小洲之间架起了蜿蜒曲折的放鸽桥、百步跳磴，扩建了碧桃园、荷花池、松柏园、桂花园、牡丹园等，新建了音乐广场。

公园内有著名作家巴金与妻子萧珊的蜜月之地——憩园，有抗日名将戴安澜将军的衣冠冢，有多处摩崖石刻，以及多处与名人有关的景点。

▶ 休闲农业

> 拓展阅读

都市农业

都市农业是我国现代农业的重要组成部分。其作用有三个方面：一是为城市供给绿色农产品，给农业劳动者提供就业机会；二是为市民提供休闲游憩场所；三是保持和继承农村的文化传统，发挥教育功能，在城乡互动、推动城乡一体化发展过程中发挥生产、展示、示范、带动和辐射作用，在带动农业现代化发展、推进都市周边乡村地区的农业结构调整、拓展都市农副产品销售渠道、促进现代都市可持续发展、促进城市的污染防治和景观营造等方面发挥重要作用。

不同学者对都市农业的定义不同。中国农学会都市农业分会对都市农业的定义为：都市农业是社会经济发展较高水平时，在整个城市区域范围及环城市经济圈形成的依托并服务于城市、促进城乡和谐发展、功能多样、业态丰富、产业融合的农业综合体系，是城市经济和城市生态系统的重要组成部分、是现代农业在城市地区的表现形式。

一、都市农业的特征

（一）地理区位的独特性

都市农业一般分布于城市发展扩充的中心或者间隙区域，农产品供给便捷。除了满足附近城市居民的农产品供给需求外，还能满足城市休闲、环境调节等方面的需求。

（二）生产技术和方式精细化

（1）都市农业活动的技术含量更高。由于都市农业距离城市近，生产资料、农业技术、经营理念等方面都受到城市集中、集约、高效的影响和带动，因而其农业活动的技术含量更高。

（2）都市农业产品要求高。都市农业在产品生产、加工、存储等方面必须满足城市居民对农产品的质量要求较高的需求，才能获得市场的认同。

（3）都市农业生产效率高。都市农业距离城市近，用地成本高昂，必须通过采用更高效的现代农业技术和设施等方式以提高农业生产效率，提高产出，降低生产成本。

（三）生产加工复合化

都市农业生产农产品的外形和质感要满足城市居民需求，生产区域的"产—供—销"一体化程度明显高于传统农业生产地区，因此，其农业生产的复合化程度高于传统农业生产。

二、我国都市农业模式

（一）休闲体验模式

该模式利用自然生态景观、农业生产条件和乡村文化资源在城市郊区开发休闲农业、观光农业和农事体验等项目，将农业与旅游业密切结合，以城市居民不熟悉的农业生产过程和农村生活、文化为旅游吸引物，吸引游客住宿度假、观光采摘、体验民俗、享受田园，满足市民观光、游憩、休闲的需求。成都是我国以农家乐为主要形式的乡村旅游的发源地，北京、上海等大城市的都市农业园也异军突起，发展迅猛。如北京的洼里博物馆、河北民俗村、留民营生态农场等农业观光园。

（二）社区支持模式

石嫣提出"分享收获"社区支持农业模式，是按照有机种植理论和技术，让农作物和养殖动物按照自然规律和周期生长，不使用农药等添加剂，菜不催熟，蛋不催产，猪不催长。从模式建立起5年内，其团队通过努力，减少化肥用量7.5万kg，服务覆盖北京的社区近2000户家庭。而在其团队中，一半成员都是"80后""90后"毕业的"新农人"。北京、上海、江苏、河南等多个省（市）、1000多个农场推广社区支持农业的模式，直接影响了成千上万返乡青年、创业者和农民。此模式的推广为我国现代都市农业发展提供了新思路和新模式，也为就业创业提供了一个新样板。

（三）科普教育模式

科普教育模式主要以展示、示范无土栽培、立体栽培、LED植物工厂等系列农业高新科技含量高的前沿和实用技术为主，兼具科普和休闲、观光功能。如北京周边的中粮智慧农场、国家农业科技展示园、廊坊金丰农科园、北京航空科普教育基地等。

（四）住宅农业模式

住宅农业模式是利用先进的技术和设备，在客厅、阳台和屋顶种植蔬菜、水果和花卉的一种模式。这种模式可改善室内空气、湿度和环境，又能吃上安全、新鲜和健康的绿色食品，极大提升了家庭的生活品位和质量。中环易达与华润置地共同打造的"耕雨"品牌，以城市农耕的方式重新建立城市与生态、人与土地的联系，致力"农业＋城市"全新产业模式的探索与实践，打造"让农业回归城市，让生活回归自然"的新型住宅农业化社区，引领农业与地产行业的全新变革。

（五）订单农业模式

订单农业模式是农产品企业和城市社区签订绿色农产品供应订单，按照订单进行生产和销售，以确保城市居民吃到安全、绿色和健康的农产品。如北京市一些社区与河北省阜平县白家峪村签订蔬菜供应订单，实行会员制，根据各家庭在不同季节对不

▶ 休闲农业

同蔬菜品种和数量的需求缴纳一定的会员费。这种模式是一种互利的模式，既能让城市居民能吃上安全、新鲜和健康绿色食品，又确保了生产者的产品销售。

（六）循环农业模式

循环农业，是指在农作系统中推进各种农业资源往复多层与高效流动的活动，以此实现节能减排与增收的目的，促进现代农业和农村的可持续发展。这种模式可持续利用农业资源，减少资源的投入及废弃物的产生和排放，最终实现农业经济效益、农业生态和农村社会发展的可持续性，具有较好的社会效益、经济效益和生态效益。例如，北京德青源农业科技股份有限公司建设沼气发电厂，对蛋鸡场产生的鸡粪和污水进行处理，实现了园区污水零排放，带动园区周边农田进行有机玉米种植生产。

项目小结

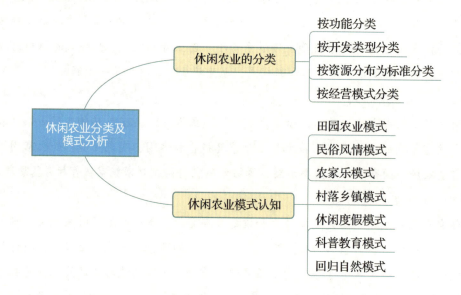

复习思考

以一个你周边比较熟悉的休闲农业景区为例，分析它的模式。

技能训练

技能训练二　休闲农业模式案例分析

一、技能训练目标

通过休闲农业模式案例分析，让学生掌握休闲农业不同模式的特点，熟悉不同模式类型。

二、技能训练材料与用具

计算机、笔、试验报告单，寨沙侗寨、贵州九丰农业园模式案例。

三、技能训练步骤

1. 对给定的休闲农业模式案例进行分析。

2. 分析其依托景点。

3. 分析案例的旅游吸引物及该景点的特点。

4. 确定其模式类型。

四、技能训练报告

完成寨沙侗寨和贵州九丰农业园模式分析报告，图文并茂，要求图片典型、模式分析准确。

表 2-1　休闲农业模式案例分析实训评量表

专业班级：		组别：		姓名：		学号：	

各位同学：

　1.为了体现休闲农业课程中休闲农业模式案例分析的实训教学效果，请在老师的安排下按时提交案例分析及本评量单；

　2.请针对下列评价项目并参酌"评量规准"，于自评、组评项按照 A、B、C、D 打分，再请老师复评。

符号向度	评量规准				自评	组评	教师复评
	A（80~100分）	B（60~80分）	C（0~60分）	D（0分）			
1.案例分析报告整体（30%）	案例分析报告结构合理，文字精练，建议等提炼到位准确	案例分析报告撰写结构合理，文字不够精练，建议等提炼不够到位准确	案例分析报告撰写结构不合理，文字不精炼，建议等提炼出现错误	无案例分析报告			
2.依托景点分析（20%）	依托景点分析准确、图片典型、内容详细	依托景点分析准确、图片典型、内容较详细	依托景点分析不准确、图片不够典型、内容不够详细	无依托景点分析			
3.旅游吸引物分析（20%）	旅游吸引物分析分析准确、内容描述详细	旅游吸引物分析分析准确、内容描述较详细	旅游吸引物分析分析错误	无旅游吸引物分析			
4.模式类型（30%）	模式类型分析准确、内容详细	模式类型分析准确、内容较详细	模式类型分析错误	无模式类型分析			
小计：							
合计：							
分享：							
				评价教师：			

模块三

休闲农业资源及开发

项目导读

休闲农业资源是休闲农业赖以发展的基础。我国地域辽阔、自然条件复杂多样、种类繁多的物种资源、源远流长的农业文化资源和多姿多彩的农业景观资源，使我国成为世界上休闲农业资源最丰富并独具特色的国家。休闲农业资源与所处的自然、社会环境密切相连，有着各自的发展与演化规律。只有掌握和理解休闲农业资源的特征、分类及评价方法，才能对休闲农业资源进行合理的开发。

> 休闲农业

单元一　休闲农业资源评价

【知识目标】
1. 能阐述休闲农业资源三大类别的特点。
2. 能阐述休闲农业资源评价的内容和方法。

【技能目标】
1. 能够对某一地区或某一类别休闲农业资源进行收集和整理。
2. 能够运用合适的评价方法对资源进行评价。

【素质目标】
1. 培养科学、严谨的工作作风和团队协作精神。
2. 培养热爱农业资源、开发农业、服务农业的情怀。
3. 培养学生热爱民族历史文化的情感。

一、休闲农业资源的内容

休闲农业资源区别于传统旅游资源，农业生产资源、农民生活资源和农村生态资源是其主要组成部分。休闲农业资源呈现出多样性、季节性、地域性、审美性以及综合性的特点，其范围比传统农业资源范围更加广泛，但作为"三生"产业，休闲农业资源可分为生产资源、生活资源、生态资源三大类。

（一）生产资源

生产资源一般指农作物资源、畜禽资源、林木资源及与之密切相关的农耕活动、农机具等。

模块三 休闲农业资源及开发

1. 农作物资源

农作物资源主要有粮、油、糖、烟、薯、菜、果、药、茶，可归纳为粮食作物、油料作物、经济作物、园艺作物等类别（见图3-1）。这些资源可进行大田景观、市民农园的打造，供观赏、认知、采摘等多种用途。

图3-1　茶树资源

（1）油料作物。它是以榨取油脂为主要用途的一类作物。主要有大豆、花生、芝麻、向日葵、油菜、棉籽、蓖麻、苏子和油用亚麻等。

（2）粮食作物。粮食作物亦可称食用作物，其产品含有淀粉、蛋白质、脂肪及维生素等。其主要包括谷类作物、薯类作物、豆类作物等栽培粮食作物。它不仅为人类提供食粮和某些副食品，以维持生命的需要，而且为食品工业提供原料，为畜牧业提供精饲料和大部分粗饲料。

（3）园艺作物。一般指以较小规模进行集约栽培的具有较高经济价值的作物，园艺作物包含果树、蔬菜、花卉三大类经济作物群。据统计，全世界约有果树种类2792种，分属于134个科，659个属，其中栽培果树有300种。我国果树包括野果共有60多科700多种，包括苹果、梨、葡萄、山楂、李、柿、樱桃、草莓、香蕉、杧果、荔枝、菠萝等。我国的蔬菜共有29科93属209种，长期的栽培中，各地也形成了不同的特色蔬菜。花卉作为美的象征，融入人们的生活中，1987年我国评选出的中国十大名花有"一树独先天下春"的梅花、傲霜斗寒争春的菊花、桂子飘香迎金秋的桂花、"十丈锦屏开绿野"的茶花、国色天香的牡丹、"天下第一香"兰花、"花中皇后"月季、秀满山峦的杜鹃、"花中君子"荷花、"凌波仙子"水仙花。

(4)经济作物。经济作物又称技术作物、工业原料作物,指具有某种特定经济用途的农作物。经济作物通常具有地域性强、经济价值高、技术要求高、商品率高等特点,对自然条件要求较严格,宜集中进行专门化生产。按其用途分为纤维作物(黄麻等)、糖料作物(甘蔗、甜菜等)、嗜好作物(烟草、茶叶、咖啡等)、药用作物(人参、枸杞、地黄等)、热带作物等。

(5)野生植物。它是指原生地天然生长的植物。我国野生植物种类非常丰富,拥有高等植物达30000多种,居世界第三位,其中,特有植物种类繁多,有17000余种,如银杉、珙桐、银杏、百山祖冷杉、香果树等均为我国特有的珍稀濒危野生植物。我国有药用植物11000余种,又拥有大量的作物野生种群及其近缘种,是世界上栽培作物的重要起源中心之一,也是世界上著名的花卉之母。

2. 畜禽资源

畜禽资源可分为家畜家禽、水产生物资源、野生动物三大类,在休闲农业打造中可供游客观赏、认识、喂养及各种动物活动等。

(1)家畜家禽。近年来,我国畜牧业取得长足发展,肉类禽蛋产量连续多年稳居世界第一,畜牧业产值约占农业总产值的比重达36%。畜牧业发展对于保障畜产品有效供给、促进农民增收做出了重要贡献。家畜包括猪、牛、马、羊、兔子等,可供游客观赏、喂养、骑乘,或者举办动物活动比赛等。家禽包括鸡、鸭、鹅、鸽子等,可圈养或散养,供游客观赏、认识或喂养(见图3-2)。

图3-2 家畜家禽喂养

（2）水产生物资源。①淡水水产生物。根据水产部门的资料，中国内陆水域共有鱼类795种。东部地区的水系种类较多，如珠江水系有鱼类381种，长江水系约有370种，黄河水系有191种，东北黑龙江水系有175种。西部地区鱼类稀少，如新疆维吾尔自治区仅有50余种，西藏自治区有4种。在内陆水域中，其他水生生物，如贝、蟹等软体动物和甲壳动物的物种丰富度也较高。其中，包含大量有经济价值被广泛利用的种类，还有许多珍稀特有种类，如白鳍豚、中华鲟、白鲟、胭脂鱼、赤魟、勃氏哲罗鱼、大理裂腹鱼、中华绒螯蟹等。

②海洋水产生物。中国海洋生物资源丰富，海洋水域有记录的海洋生物种类多达20278个物种。其中，水产生物有鱼类3032种；蟹类734种；虾类546种，各种软体动物共2557种（含贝类2456种，头足类101种）。此外，还有各种大型经济海藻790种，各种海产哺乳动物29种。如此众多的生物种类说明了中国海洋水产生物资源的丰富和多样性。

（3）野生动物。它是指生存于自然状态下，非人工驯养的各种哺乳动物、鸟类、爬行动物、两栖动物、鱼类、软体动物、昆虫及其他动物。它分为濒危野生动物、有益野生动物、经济野生动物和有害野生动物4种。

3. 林木资源

我国的林木资源主要分为商品林和公益林，可用于户外拓展、康体疗养等活动的开展。

（1）商品林。商品林包括人工培育的用材林、薪炭林和经济林。人工用材林是指人工培育的以生产木材为主要目的的森林和树木，包括人工播种（含飞机播种和人工播种）、植苗、扦插造林形成的森林、林木，以及森林和林木采伐后萌生形成的森林和林木。

（2）公益林。它是指生态区位重要，对国土生态安全、生物多样性保护和经济社会可持续发展具有重要作用，以提供森林生态和社会服务产品为主要经营目的防护林和特种用途林。它包括水源涵养林、水土保持林、防风固沙林和护岸林、自然保护区的森林和国防林等。简言之，公益林就是以发挥生态效益为主的防护林、特种用途林。

4. 农耕活动

耕作是配合植物生理、气候环境、经验法则等一系列周期性、技巧性的行为。不同的农作物耕种活动有不同的重点，但大致来说，传统的农耕活动包括春耕、夏耘、秋收、冬藏等，但不同的作物农耕活动各不相同，如水稻的插秧，荷花的观赏和采摘，果园的修

休闲农业

剪、采摘，菜园的播种、管理、采收，茶园的修剪、管理、采茶、制茶、品茶、茶艺表演等。

休闲农业资源
收集－农具

5. 传统农具

农具是进行农业生产所使用的工具，农具的演进过程记录了劳动人民经验的累积。传统农具主要种类有耕作工具、食品加工或织布工具、防雨防晒工具、运输工具、承装晾晒工具、贮藏工具等。如除草的铁锄，播种收割的机械设备，耕耘的犁、耙、锄头、镐头、耧耙等，采伐的柴刀、斧、锯、刮刀、刀等，收获的镰刀、短镢、簸箕、木扬锨、围帘、谷箩、谷筛、簟皮、畚箕、风车等，灌溉的辘轳、人力翻车、通车、水车、人力水车，棉花加工的棉缆车、纺车、弹弓、棉织机等，运输的扁担、筐、驼具、架子车、牛车、马车等，农副产品加工的石臼、石磨、水碓舂米、杵臼、踏碓、碾等。

这些传统农具一方面可以用作休闲农园内的装饰布置，提高园区内的乡土气息；另一方面也可以作为市民体验农耕、学习农耕的道具，提高体验的真实性与完整性；还可以作为文化知识展览，旁边附上详解图，供游人参观了解。

6. 现代农业新技术

现代农业新技术主要指适应农业发展方式需要所采用的技术集成，如发展生态循环农业中所采用的农业废弃物无害化处理、资源化利用技术、立体种养技术；发展节本高效农业采用的无土栽培技术、喷灌、微灌技术；进行农业虚拟景观设计观赏参与的体验技术等。

（二）生活资源

人们在休闲农业园中游玩时，不仅是为了体验农业生产活动，而且希望能够体验到当地人的生活环境和风俗习惯。

1. 民俗风情

（1）节令食俗。春节食俗：北方喜欢包饺子，汉族把最好的肉类、菜类、果类、点心类用以宴宾客，如彝族吃"坨肉"，喝"转转酒"，并赠送客人以示慷慨大方。元宵食俗：元宵节的食、饮大多都以"团圆"为旨，有圆子、汤圆等，但各地风俗也不尽相同，如东北在元宵节爱吃冻鱼肉，广东的元宵节喜欢"偷"摘生菜。清明食俗：主题为"寒食"与扫墓，清明有些地方吃寒食，不动烟火，吃冷菜、冷粥，流行于贵州及浙江西南等地区的清明粑，又叫黄草粑，为清明节节日食俗，是一道特色传统小吃。中秋节食俗：中秋节这一天人们都要吃月饼，以示团圆，除此以外，还吃藕品、香芋、花生、螃蟹等。重阳节食俗：重阳节的食物大多都以奉献老人为主，吃花生糕、喝菊花酒，有些地方还吃羊肉和狗肉。冬至节食俗：喝米酒、吃狗肉、饺子。腊八节食俗：吃腊八粥。灶王节食俗：北京一般包饺子，南方打年糕准备年货。除夕食俗：北方必有饺子。

（2）待客食俗。待客食俗在我国乡村有丰富的花样。如在北方农村，有"留碗底"之俗，即客人餐毕，碗中若留有剩余食物则表示对主人的不敬。在湖南湘西一带，有"泡炒米茶"之俗，即接待客人时首先要上一碗炒米茶，以示为客人接风洗尘。从这些待客食俗中，休闲农业开发者都可以发现餐饮开发的商机。

（3）猎获与采集民俗。猎获即狩猎与捕捞。采集包括采草药、采野果、采野菜、采茶桑等。由于各地的自然条件不同，猎俗也因之有别。如东北鄂伦春族等少数民族保留着"上山赶肉，见者有份"的猎物分配的狩猎风俗。捕捞风俗各地更是千姿百态。如东海渔民出海日逢双不逢单，新船出海要烧一锅开水，泡上银圆，俗称"银汤"，用以浇淋船眼睛，俗称"开船目"，然后淋船头、舷、舵、槽，以求吉利。

（4）意识民俗。它涉及的范围相当广泛，有原始信仰方面的，如对天地、日月、云雾、风雨、雷电、山石、水火等大自然的崇拜，对狐、熊、鹿、貂、鸟、蛇等的崇拜，意即图腾。

（5）礼仪食俗。礼仪食俗是指在很多乡村，在置办红白喜事或其他仪式时有一些特定的饮食习惯。例如，有的地方在小孩周岁的"抓周"仪式中，让小孩吃鸡蛋、面条，预兆未来健康顺利；在浙江泰顺等地，酒宴有"退筵吃"之俗，即一餐分两段吃，先吃饱，暂散席，复席后再慢慢饮酒；青岛人在新娘登场和瓜果上市时，要请上辈老人先吃，叫"尝鲜"，吃饭时老人"坐上首"，好菜"开头筷"，若小孩先动筷子，大人会斥责为不懂规矩。有些村庄还有新麦上场时儿媳妇给独居的公婆送第一锅馎饦的风俗。这些已成为我国"孝俗"中的重要组成部分。

（6）娱乐民俗。民间传统的各种游艺竞技文化娱乐活动，大致可分为：一是民间游乐，包括春游、踏青、赏桂、观潮和群众性的歌舞，如舞龙、秧歌、抬阁等；二是民间游戏，包括活动性强的捉迷藏、老鹰抓小鸡等和智力游戏，如猜谜、绕口令等；三是民间竞斗，如斗牛、斗蟋蟀、斗鸡、斗鹌鹑等；四是百戏杂耍，如看社戏、演傀儡戏、演皮影戏等。

（7）生活民俗。独具特色的饮食民俗，如彝族有吃"转转酒"的风俗，饮酒者席地围成圆圈端酒杯，依次轮饮。赫哲族妇女穿鱼皮制成的服装，衣服边上并排缝上海贝、铜钱。还有不同类型的民居民俗，不同建筑风格（见图3-3），如"蒙古包""连家船""窑洞""吊脚楼"等。房屋装饰也反映着当地人的信仰，如陕西省山阳县民居房顶刻着"龙凤"圈等，以求吉祥。

▶ 休闲农业

图 3-3 贵州石阡某农家

2. 民间谚语

（1）耕作。有培育壮秧的"秧好半年稻"；有关于插秧时节的"燕子来齐插秧，燕子去稻花香""立春做秧贩，小满满田青，芒种秧成苗"等；有关于插秧技术要求的"早稻水上漂，晚稻插齐腰"等；有关于施肥技术要求的"早稻泥下送，晚稻三遍壅"等；有强调深耕重要性的"耕田深又深，作物百样好""要想丰收年，冬天深耕田"等；有关于轮种的"稻、麦、草籽轮流种，九成变成十成收""芒种芒种，样样要种"等。

（2）田间管理。"小暑补棵一斗米，大暑补棵一升米""只种不管，打破饭碗。田里多管，仓里谷满""人哄地一时，地哄人一年""人勤地生宝，人懒地长草""立秋不拔草，处暑不长稻"等。

（3）收获。"麦熟一时不等人，耽误收割减收成""一滴汗水一颗粮，汗水换得稻谷香""精收细打，颗粒归仓"等。

3. 民间歌舞

（1）舞龙灯。俗谚云：正月龙灯二月鸢。舞龙灯是以竹篾扎成龙头、龙身和龙尾，一般从三节到几十节不等，多为单数。动作有"龙摆尾""龙蟠柱"等。一般在除夕或元宵，人们高举用稻草、苇、竹、树枝等扎成的火把，在锣鼓齐鸣声中，奔走于田岸，流星舞火，煞是壮观。

（2）民歌。我国民间歌谣蕴藏极其丰富。汉族除了民谣、儿歌、四句头山歌和各种劳动号子之外，还有"信天游""扑山歌""四季歌""五更调"，至于像藏族的"鲁""协"，壮族的"欢"、白族的"白曲"、回族的"花儿"、苗族的"飞歌"、侗族的"大歌"等，都各具独特的形式。

（3）采茶舞。该舞源于茶乡的劳动生活，由一群姑娘身扎彩衣，腰系绣花围裙，手持茶篮，口唱"十二月采茶歌"，描述采茶姑娘一路上山坡，走小路，穿茶丛，双手采茶、拣茶和在茶叶丰收归途中追蝴蝶的景象。

（4）扭秧歌。秧歌舞具有自己的风格特色，一般舞队由十多人至百人组成，扮成历史故事、神话传说和现实生活中的人物，边舞边走，随着鼓声节奏，善于变换各种队形，再加上舞姿丰富多彩，深受人们的欢迎。秧歌舞表演起来，生动活泼，形式多样，多姿多彩，红火热闹，规模宏大，气氛热烈。另外，不同的村邻之间还会扭起秧歌互相访拜，比歌赛舞。

（5）舞狮。舞狮是我国优秀的民间艺术，每逢元宵或集会庆典，民间都以舞狮助兴。表演者在锣鼓声中，装扮成狮子的样子，做出狮子的各种形态动作。

（三）生态资源

休闲农业园的开发必须建立在优越的自然条件基础上，所处区域的生态资源条件在一定程度上确立了休闲农业企业的开发类型和方向。休闲农业企业可利用本地特有的自然资源，进行资源开发，吸引游客。

1. 农村气象

农村所处的地理环境不同，气候包括气温、降水等条件不同，会在一定程度上影响到农村的气象。农村特殊的气象，如雾凇、云雾、雨雪、日出日落等都能给游客带来不一样的感受（见图3-4）。

图3-4 贵阳高坡农村气象

2. 农村地貌

地貌因素决定了休闲农业园地表形态，从而影响到休闲农业园的可进入性、项目的立

▶ 休闲农业

地条件和景观的丰富程度。地貌类型可按宏观的地貌格局划分为高原、平原、盆地、山地、丘陵，也可以按内外地质营力综合作用划分为河流地貌、岩溶地貌、红层地貌、泥石流地貌、花岗岩地貌、海岸地貌、岛屿等，这些都是休闲农业重要的生态资源。

3. 农村景观

农村景观一般包括地形、梯田、果园、菜园、森林、池塘、草原、牧场等田园景观（见图 3-5 和图 3-6）；乡村居民聚集形成的不同居住方式下的聚落景观（见图 3-7），如华北平原整齐的村庄，黄土高原层层梯田和窑洞，江南水乡散落在稻田、竹林、桑园或鱼塘间的村落，牧区的白色蒙古包分布在草原上；农村景观还有具有地方特色、历史文化的古老建筑形成的建筑景观，如北京四合院、客家的土楼、傣家的竹楼等。

图 3-5　响水洞梯田

图 3-6　农村景观资源

模块三　休闲农业资源及开发

图 3-7　西江千户苗寨

4. 农村生物

如让人赏心悦目的野花闲草、充满乡间野趣的飞舞的蝴蝶、蜻蜓、萤火虫，鸣叫的蝉、青蛙，水中的泥鳅等，可以让人们回归自然，激发孩子对大自然的好奇心。

二、休闲农业资源评价内容

（一）休闲农业资源价值

1. 特色价值

特色是休闲农业资源吸引有闲人士前来休闲的关键因素，是休闲农业资源开发的灵魂。通过对休闲农业资源的详细调查及与其他休闲农业项目区比较，可确定该地区的资源特色，特色越突出，其吸引力就越大，从而休闲价值就越大。

2. 美学价值

美学价值主要是指休闲农业资源能提供给游客美感的种类及强度，无论是自然景观还是人文景观，都须符合美学原则，如形态美、色彩美、形式美等，人们能够感受到的美意类越多，美感越强烈，对其评价就越高。

▶ 休闲农业

3. 经济价值

经济价值是指将该调查区的休闲农业资源进行开发后可能带来的经济收入。对休闲农业资源的经济价值进行评估，不仅应根据成本—收益的直接经济指标进行评估，还应评估因关联带动作用产生的综合经济收益。

4. 社会价值

休闲农业资源的社会价值在于它对人们福利和身心健康的裨益程度，以及促进人们开阔视野、增长知识、促进科技文化交流等，如农业历史考古、农业文明继承、农业文化教育等方面都是其社会价值的体现。

5. 休闲价值

休闲价值是指休闲农业资源中具有休憩、养生、保健、娱乐等休闲功能的价值。它可以创造休闲农业的高附加值，休闲功能越多，宜进行的休闲活动就越多，吸引的休闲群体就越大。

6. 资源的规模及组合质量

休闲农业资源一些孤立的休闲农业资源，即使特色、价值很高，功能也多，但仅依赖这些特点并不能形成综合优势，只有一定区域上较为集中，资源要素布局合理，协调组合，形成一定的规模和结构时，才具有较高的开发利用价值。

（二）休闲农业资源环境

1. 自然环境

休闲农业自然环境指资源所在区域内的地质地貌、气象、水文、生物、生态环境质量等组成的自然环境。首先，不少自然环境的组成，如植被、水文、气象本身就是休闲农业不可分割的一部分，直接影响休闲农业资源的质量与品位。其次，休闲农业自然资源的某些因素，如气候的季节变化，直接决定与影响到资源所属区经营的淡旺季。同时，生态环境的质量，如温暖湿润的气候、优良的水文状况、肥沃的土壤、优美的生态环境等，对休闲农业的开发较为有利。

2. 社会环境

休闲农业社会环境指休闲农业资源所在区域的社会治安、医疗保健、风俗习惯和当地居民对休闲农业的认识等。重视休闲农业的地区，人们的积极性就会高，休闲农业的经济效益就更为显著。医疗保健条件较好的地区能保障和及时处理游客的疾病、意外伤害和生命安全事故。若当地居民热情好客，以积极的态度使游客有一种宾至如归的亲切感受，则对休闲农业资源的开发和发展休闲农业都有积极的作用。若区域人口、劳动力潜在的转化力较好，则可对休闲农业的有效开发提供保证。

3. 经济环境

休闲农业经济环境指能够满足开展休闲活动的一切外部经济条件，包括交通、水电、能源、通信、网络等基础设施建设，各种档次的食宿服务和其他休闲接待设施。如果休闲农业区位于偏僻山区，交通条件往往成为休闲开发的一个限制性因素，直接影响游客的可进入性。水电等基本生活需要若不能保障，直接影响休闲条件。通信对于出门在外的游客，无论是家庭还是公务联络都颇为重要。各种食宿和休闲接待设施及服务质量同样影响休闲农业资源的开发和休闲农业园区的经济效益。

4. 环境容量

环境容量又称休闲环境的承载力或饱和度，指在一定时间内，一定休闲农业资源的空间范围内所能开展的休闲农业活动能力。一般用容时量和容人量两方面来衡量。休闲农业资源数量越多、规模越大、场地越开阔，它的容时量和容人量越大；反之，休闲农业资源稀少、类型简单、场地狭小，其容时量和容人量就小。超过休闲容量，休闲农业活动就会受到影响，休闲农业资源及其环境就会受到破坏。

（三）休闲农业资源开发条件

1. 区位条件

区位条件包括休闲农业资源所在地区的地理位置、交通条件、经济产业中所处的地位，以及与周边其他休闲农业区的空间关系。交通区位条件决定了休闲农业资源开发的难易程度，休闲农业的布局一般要求在城市与农村接壤地带，如机场附近、高速公路沿线、铁路沿线、江河两岸的区域，周围若有名山、名湖、名寺、名阁、名城等休闲热点，则更有利于休闲农业资源的开发。休闲农业开发地与城市中心的距离随城市的大小、交通情况不同而有所不同。

2. 客源条件

客源是与经济效益直接挂钩的，没有一定量的客源，休闲农业资源的开发不会产生良好的效益，同时，还要按客源的市场需求来规划、设计休闲农业产品。了解休闲农业市场的特点及潜在市场的规模，对市场进行细分；根据游客的逗留目的、旅游观光嗜好、社会经济水平、人口属性（年龄、收入、文化程度、职业等）、地理区位等研究休闲农业客源市场；从季节因素、其他旅游景点及周边休闲农业园区是否邻近、是否存在竞争性经营等来分析客源市场的限制因素。休闲农业客源市场群体主要是以回归大自然、体验乡村风情和农业文化为主要目的的城市居民，此外还包括开发地周边的部分乡村居民以及国内外其他游客。对于这些客源群体，应根据其年龄结构、职业、收入水平、消费习惯、旅游偏好等进行细分评价。

3. 农业基础条件

区域的农业基础条件对休闲农业开发的影响也很重要。农作物的种类、产量和商品化率等与休闲农业的开发呈正相关关系。此外，主要农副产品生产供应的种类、数量和保障程度对休闲农业开发也有较大影响。因此，开发者在规划休闲农业项目之前，应对所依托地区的农业基础条件进行仔细的分析和研究，结合自然资源条件，确定休闲农业开发的主要方向。

4. 施工条件

休闲农业项目的开发还须考虑项目的难易程度和工程量的大小。首先是工程建设的自然基础条件，如地质地貌、水文气候等条件；其次是工程建设条件，包括设备、食品、建材等。对开发施工方案需要进行充分的技术论证，同时要考虑经费、时间的投资与效益的关系，只有合理地予以评价，才能既不浪费资金，又有可行的施工收益。

5. 投资条件

休闲农业的开发需要大量的资金支持，资源的品位、社会经济环境以及经济发展战略和给予投资者的优惠政策等因素，都直接影响投资者的决策。

三、休闲农业资源评价方法

休闲农业资源评价的方法有很多，常见的有定性评价法和定量评价法。

（一）定性评价法

定性评价法又称经验法，一般采用定性描述的方法，是评价者在考察旅游资源后所做的主观评价，主要有"三三六"评价体系、"六字七标准"评价法。

1. "三三六"评价法

"三三六"评价法是由学者卢云亭先生提出的，即"三大价值、三大效益、六大开发条件"。"三大价值"指旅游资源的文化价值、艺术观赏价值和科学考察价值。"三大效益"指旅游资源开发后的经济效益、社会效益和环境效益。"六大开发条件"指旅游资源所在地的地理和交通条件、景象地域组合条件、旅游环境容量、旅游客源市场容量、投资能力、施工难易6个方面。任瑜艳等就基于"三三六"评价法对东莞可园风景区旅游资源开发进行了研究，提出对应的旅游资源开发对策。

2. "六字七标准"评价法

"六字七标准"评价法是由黄辉实提出的，主要从资源本身的价值方面进行评价，即美、古、名、特、奇、用。"美"指旅游地是否给人以美感。"古"即悠久的历史。"名"是具有名声的事物或者与名人有关的事物。"特"指特有的、别处没有的或者少见的资源。"奇"是旅游资源给人的新奇之感。"用"是旅游资源对旅游者的价值。

七标准指季节性、环境污染状况、与其他旅游资源之间的联系性、可进入性（进得去、散得开、出得来）、基础设施、社会经济环境、客源市场。

3. 其他方法

学者高贤伟等人认为应根据当地农业旅游资源实际情况，结合居民收入、消费水平、市场需求、基础设施状况等因素进行综合考虑。学者王云才指出休闲农业具有强烈的地域性和季节性，发展休闲农业必须充分考虑资源、区位、市场等条件，因地制宜、因时制宜。

定性评价方法主要是通过评价者观察后的印象得出结论，这种方法虽然简便易行，但往往受到评价者自身主观意向、偏好的局限。

（二）定量评价法

1. 层次分析法

层次分析法是休闲农业的定量评价法的主要方法，其具体评价过程是：先将评价项目

> 休 闲 农 业

分解成若干层次,然后在比问题简单得多的层次上逐步分,最后将人的主观判断用数学形式表达和处理。学者刘庆友在分析乡村旅游(地)所包含的资源类型及旅游地属性状况的基础上,选取外围(乡村旅游地周边)吸引物、乡村资源、可进入性、基础设施和乡村性五大因子,应用层次分析法,构建乡村旅游(地)资源综合评价模型。

2. 指数评价法

指数评价法通常是先调查分析休闲农业资源的开发利用现状、吸引能力及外部区域环境,调查内容要求有准确的统计定量资料,再调查分析休闲农业的要求,主要调查内容有游客的需求量、游客的人口构成、逗留时间、休闲花费趋向、需求结构、需求的节律性等,最后拟定总体评价式,建立表达休闲农业资源特质、休闲需求与休闲农业资源之间关系的若干量化模型。

除此以外,定量评价方法还有模糊数学评价法、美学评分法等。定量评价法是将资源评价的各指标所占的权重给以评分的办法,这种办法可以克服评价者的主观意向,避免个人偏好因素的影响,使资源综合评价工作更客观、更科学。

四、休闲农业资源开发利用对策

(一)倡导开发与保护相结合的理念

休闲农业的开发和保护是融为一体的,并且保护是开发的前提。在大力开发当地优势资源的同时,要保护好当地的资源特色和良好的农村生态环境,促进生态农业和旅游业的协调发展,让休闲农业能真正带给游客洁净的农村生态环境、原汁原味的农村文化体验,从而进一步推动农村生态文明建设。

(二)挖掘本地资源开发地域特色项目

我国地域辽阔,地理环境复杂,各地区旅游资源之间具有差异性,休闲农业应充分挖掘本地独特的资源优势,以充分表现和突出本地农村自然景观和农业产业特色,从而形成鲜明的个性和浓厚的吸引力,做到"人无我有,人有我新,人新我特",使游客每到一处都有新的意境、新的感受和新的享受。但要注意,个性化开发并不是旅游产品的单一性开发,要重点开发具有地域特色的多样化的休闲农业项目和产品,这不仅丰富旅游活动,有利于提升各地休闲农业的自身竞争力,还有利于保护农村的生态环境和农耕文化遗产。

（三）生态和谐、原汁原味的基础设施

休闲农业资源的开发利用应该做到尽量满足游客的基本需求。在满足吃、喝、住和行的基本需求外，完善农业园的基础设备，并且基础设施的建设要独具乡村文化气息，突出当地乡土风情。将原有的自然风貌和新建的休闲设施相结合，突出"乡村""原始"的主题，如可以利用农作物（辣椒，玉米等）进行房屋的装饰，点缀丰收的气息，还可以在走廊一侧种植一些葫芦类的爬藤植物，让游客可以和大自然进行亲密接触。

（四）体现文化价值

休闲农业资源开发应体现乡村的文化价值，即乡村景观地域空间文化价值，文化正成为现代旅游的"灵魂""核心"，乡村景观开发重点应在"文化"上做文章。游客对于乡土建筑文化、服饰文化、饮食文化等进行的旅游审美，实际是一次文化体验过程，文化享受贯穿于整个旅游活动的全过程。乡村文化的真实性、纯朴性、原生性是吸引游客的根本原因所在。

（五）突出功能多样化和功能互补

功能多样性是指在休闲农业发展过程中，为游客提供休闲场所的休憩功能，为农民增加就业机会并提高收入水平的经济功能；为城乡发展创造一个优美洁净的生态环境的生态功能；为增进市民与农民接触、推进城乡一体化的社会功能；为游客提供农业体验、养生养老、医疗保健等服务的保健功能，即发展与休闲农业相关的行业，开发集观光、娱乐、文化、品尝、健身、农产品加工与销售、农业科普教育等诸多功能于一体的休闲农业项目和产品，实现经济效益、生态效益和社会效益的统一。

功能互补是指在休闲农业发展过程中，加强对农业绿色发展知识的传授，使游客在玩乐中获得生态农业科技知识；通过开辟生态农业园区，让游客参与其中，寻找出扶植生态农业发展和购买产品的客户，以旅游中产生的经济效益来保证生态农业的发展。

（六）建立政府引导与市场化运作相结合的资源开发机制

采取旅游文化部门与农业农村部门联营、联合开发等形式，把休闲农业项目置于一个地区的旅游文化系统和农村一、二、三产业融合发展的整体规划中，并将休闲农业作为一个重要生长点进行科学、长远的规划，且出台政策给予扶持和建设。可统筹各类资源，建立政府引导与市场化运作相结合的资源开发机制，形成以政府引导为主、市场化运作为辅的资源开发利用格局。例如，由政府颁布一定的法令和规定，以管理和鼓励发展休闲农业，完善当地的基础设施等；同时，以市场为导向，发挥市场作用来引导一个地区休闲农业的建设，包括项目投资管理、开发方案制定、市场营销和环境形象塑造等。

▶ 休闲农业

单元二　休闲农业的创意开发

【知识目标】
1. 能阐述创意农业的概念、特征、类型和层次。
2. 能说出创意农业不同类型的常见案例。

【技能目标】
1. 能进行不同类型的创意农业产品的开发。
2. 能够进行创意景观、创意民俗、创意生活的开发。

【素质目标】
1. 培养学生创新意识。
2. 培养学生具有热爱自然、热爱生活的美好情感。

休闲农业的创意开发是以创意生产为核心，融入人们的智慧，以农产品附加值为目标，将农产品与文化、艺术创意结合，使其产生更高的附加值，并实现资源优化配置。

一、创意农业的概念

创意农业是基于创意产业的思维方式与发展理念衍生而来，它进一步拓展农业功能、整合资源，有效地将科技和人文要素融入农业生产，把传统农业发展为融生产、生活、生态为一体的现代农业。其主要内涵是通过对自然、文化、科技、生态等创意元素进行优化配置，从而实现传统农业生产方式升级与功能转型的、高度融合一、二、三产业优势的新型农业形态。

二、创意农业的特征

（一）高文化品位

创意农业以农业的生产、生态、旅游、文化、教育等综合功能为基础，充分发挥历史、文学、建筑、工艺美术、园林、服装设计以及音乐、书法、绘画、雕刻（塑）、装潢等专业人员的智慧，用创意产业的思维方式重塑农业的产业体系，使蕴含在农业资源中的文化潜能得以充分释放，形成创意农业产业链和产业集群。

（二）高附加值

创意农业通过采用资金密集、知识密集的生产方式，高投入，高产出，实现高附加值。例如，着重提高单产，节约土地；发展工厂化、专业化生产，采用适合资源结构的农业技术，最经济地利用不适宜耕作的土地，提高生产率；运用先进的科学技术促进生产的升级换代，充分提高农产品的附加值，由此实现农民的增收。

（三）艺术化

创意农业通过将农业与艺术有机结合，赋予农产品新的内涵，体现了其艺术性，迎合了娱乐时代的公众心理，提升了农产品的价值，实现了"看的比吃的贵"。可再辅以艺术包装，进一步提高创意农产品的附加值，增加新的文化创意产业表现载体。

（四）个性化

创意农产品的"个性化"设计与制造已成为创意农产品竞争的重要手段和制胜的筹码。例如，山西省吉县通过给苹果贴字，在优质的苹果上体现文化价值，满足人们求新求特的心理。贴字的内容有常见的吉祥语言，如福、禄、寿、喜，也有标志性图案，或按果农和消费者的需求而定。吉县率先让千亩精品示范果园贴这种字模500万枚，同时把这些苹果进行高档化、工艺化、礼品化包装，售价在原来的每千克售价仅3元左右提高到每千克6元。一组贴有"福如东海、寿比南山"字样的苹果曾卖出50元/千克的高价。这种增值只是一种文化上的创新，并没有提高多少生产成本，字模连同人工费用每千克不超过0.2元，果农由此就增收200万元。

（五）融合性

现有的创意农业交叉融合了地方农业文化与现代工业技术、农业技术、信息技术等。且创意农业产品直接面对消费者，其产品已超出农产品作为生存物质的特性，而是具有了一种精神和文化需求的特性，更具有三产产品的特性，即满足或丰富人们精神需求的特性。

三、创意农业的类型

（一）农产品用途转化型

通过栽培创意、形色创意、包装创意、用途创意、亲情创意等手段，改变农产品传统的食用功能和常规用途，赋予其新的创意，使普通的农产品变成身价倍增的纪念品、艺术品。例如，把用来食用的各种豆类制作成画、小饰品，如手机链、项链、手链、脚链、门帘等；把长在田间的果树或蔬菜，将其微型化，做成观食两用的盆果、盆菜，如彩色朝天椒、彩色西红柿、彩色茄子、盆栽草莓等；用干谷穗做成干花等；经过抛光和防水处理的五谷谷粒，通过构思，粘贴在一起，制成精美的装饰画；用木材做木炭画等；用食用菌做盆景（见图3-8）等。

图3-8 灵芝造型

（二）文化开发型

文化开发型是通过对农耕文化的发掘，使一批农产品兼具食品和文化两大功能。如动物工艺品是利用蝴蝶、瓢虫、金龟子、蜜蜂、青蛙等动物的童话传说、文化内涵和生物特性，开发精美的工艺品；变形瓜果是在瓜果生产的一定时期，套上形状不同的模子，如长方形、三角形、葫芦型等，就会生产出与相应形状的西瓜、梨、苹果等；刻（印）字瓜果是在瓜果生长的一定时期，将吉祥字，生肖字或画，姓氏，奥运标志如五环、吉祥物、会徽等印刻在瓜果上，赋予其文化内涵和精神需求特性。目前，还出现了利用激光技术在香蕉等果皮和玫瑰花瓣刻上表示爱情或祝福的字或画等。

（三）废弃物利用型

将以往当作废弃物的农业生产过程中产生的副产品、农业或生活的废弃物，通过巧妙的构思，通过对其形、色、物质材料及精神文化元素的巧妙开发或创作，变废为宝，制成富有创意的实用品或工艺品。如农作物秸秆作画、编织草鞋、编手提袋、动物、宠物篮、杂物篮等；用废弃的鱼骨作画；用果壳、树叶、树枝粘贴写意画；用玉米叶、棉花壳、柳枝等做干花等；用树根作根雕；用鸟蛋或禽蛋壳做工艺品（花盆、彩绘、蛋雕等）；用贝壳做各种造型的工艺品；用核桃壳、杏核、桃核等做雕刻工艺品等。

（四）农业主题公园

农业主题公园是通过对特定农业主题的整体设计，按照公园的经营思路，把农业生产场所（包括新品种、新技术展示）、农产品消费场所和休闲旅游场所结合在一起，对农业主题文化进行充分挖掘展示，创造出特色鲜明的体验空间，使游客获得一气呵成的游览经历，兼有休闲娱乐和教育普及的双重功能。

（五）农田景观

农田景观创意就是利用多彩多姿的农作物，通过设计与搭配，在较大的空间上形成美丽的景观，使得农业的生产性与审美性相结合，成为生产、生活、生态三者的有机结合体。如"稻田艺术"（见图3-9）等。

图3-9 苏州市太湖现代农业示范园的稻田画

（六）科技创意

科技创意是指利用现代科技手段对农业生产方式进行创意，改变传统农业在人们心目中的固有形象，如植物工厂（见图3-10）。

（七）农业节庆开发

在农业生产活动中形成和开发出的节庆活动，是体验式、休闲式、消费式相结合的农业创意产品，常常兼具吃、玩、赏、教等多项功能。具体包括农作物类节庆、动物类节庆、民俗文化类节庆、综合活动开发类节庆等形式。如北京中农四方农业规划设计研究院参与的北京历届农业

图3-10 休闲农业科技创意

> 休闲农业

嘉年华,通过新奇特的农业创意景观,带动农业+的经济发展,创新了现代农业的营销理念和方式,打造出全国独有创意的农业品牌。

四、创意农业开发的层次

(一)创意产品

创意产品是创意农业开发的最低层次,主要包括对农产品的形态加工和农作物的科技改造。

产品的形态加工,是最常见的创意农业打造手法。对原生自然农产品,通过传统民俗技艺或现代科技艺术改变农产品的外观,为农产品注入独特外观个性,赋予农产品全新的艺术和文化价值,从而达到吸引消费市场,提升农产品价值的目标。目前,我国创意农产品的规模化和集约化开发程度不高,多处于原料型和初加工型生产阶段,如何引导创意农产品向优势区域集聚,形成规模化生产,将是我们今后重点研究和实践的领域。

农作物的科技改造,表现在科技新颖与生态健康两个层面。通过农业科技的手法,改变农作物的生态、生物学特征,一方面使农作物的花、果、枝、叶形态产生变化(见图3-11);另一方面,让作物的生长节令改变,这样可以形成四季性、反季节的新型农作物,能极大吸引大众猎奇的心理。而生态健康层面则是对农作物创意的核心要求,是对接时下社会趋势,发展创意农产业,保障创意农业可持续发展的切实措施。

图3-11 农作物科技改造

(二)创意景观

景观的创意是创意农业的第二层次,在于营造创意化的自然与人文环境,重点针对农业田园与民居庭院。农业田园的创意,突出乡村田地的大地艺术化,以营造富有造型的、具强震撼性的乡野景观为重点。民居庭院的创意,通过挖掘乡土自然材料,以现代生态设计手法,表现民居庭院的原生态性。为吸引游客,农业园在整体景观的设计上就要突出创意和与众不同,设计要富有特色,具有唯一性,各种小品设计要与农业园区的主题相匹配，并突出大自然的气息。如植物造型（见图3-12）、树叶状的座椅、蘑菇状的休息亭、展厅、休息室；以猴子尾巴、松鼠尾巴，牛或山羊角做水龙头，眼睛为按钮等。

图3-12　创意景观

（三）创意民俗

民俗的创意，是创意与农业深入融合的结果，也是创意农业可持续发展的保障。创意民俗的重点，在于以现代创意的理念，融入对传统民俗的继承之中，赋予民俗新的活力与生命力，达到改进化、创新化地传承民俗的目标。原生民俗丰富多样，但很多虽具有特色，却无法对现代都市民众产生吸引力，只有对接时代发展，秉持"创造未来的遗产"理念，采取既"严肃地传承"又"合理的创新"态度，把时代文化与流行元素，融入民俗文化之中，创新的民俗文化，让民俗伴随时代的变迁活化发展。

（四）创意生活

创意乡村生活是创意农业的最高境界。其不是从乡村农业的点点滴滴着手，而是综合了农产品、农业创意与民俗的创意，通过凝练乡村生活的主题理念，发展乡村创意产业，实现对传统乡村文化的改进与产业结构的调整，实现对乡村的创意改进与创新建设，最终达到现代新村建设与可持续发展的目标。

> 休闲农业

> **拓展阅读**

休闲农业旅游资源开发的理论基础

一、地域分异规律

地域分异规律是指自然地理要素各组成成分及其构成的自然综合体在地表沿一定方向分异或分布的规律性,包括纬度、经度及垂直地带性规律和由于海陆分布、地质构造、地形起伏等造成的非地带性规律。休闲农业的开发要充分认识休闲农业旅游资源的这些分布规律,不能超越地域分异规律的限制,过分依赖非自然性的农业技术和刻意追求人为的造景,从而失去自然生态农业景观和乡土气息浑厚的民俗文化,同时也增加了造景成本和管理难度。要根据当地休闲农业资源的地域性特征,开发适合当地自然地理条件和人文地理条件的休闲农业。

二、增长极理论

增长极理论认为,一个国家要实现平衡发展只是一种理想,在现实中是不可能的,经济增长通常是从一个或数个"增长中心"逐渐向其他部门或地区传导。因此,应选择特定的地理空间作为增长极,以带动经济发展。在休闲农业开发时,对休闲农业进行布局时,往往把旅游资源价值大、区位条件好、社会经济发展水平高的旅游地作为重点旅游地,要努力培养其为增长极,以此来带动其他旅游地的发展,从而促进整个区域休闲农业的发展。如果采取均衡发展的方式,则往往重点不突出,造成开发力度不够,无法实现休闲农业的快速发展和整体提高。

三、点—轴理论

点—轴理论是增长极理论的延伸,从区域经济发展的过程看,经济中心总是首先集中在少数条件较好的区位,呈斑点状分布。这种经济中心既可称为区域增长极,也是点—轴开发模式的点。随着经济的发展,经济中心逐渐增加,点与点之间,由于生产要素交换需要交通线路以及动力供应线、水源供应线等,相互连接起来就是轴线。在休闲农业旅游中,"点"就是重点旅游地,"轴"就是它们之间联结通道,即交通线。在不断的发展中,交通沿线的一些次一级旅游景点也逐渐发展起来,从而达到以点带线、以线带面的作用,带动整个区域内休闲农业的发展。

四、旅游地生命周期理论

旅游地生命周期理论认为一个旅游地的发展一般要经过探查、参与、发展、巩固、停滞、衰落(复苏)6个阶段。在不同的发展阶段,开发者对旅游地的开发重点不同,采取的措施也不同,营销策略亦不同,休闲农业的旅游地也是如此。如果这一旅游地处在巩固阶段以前，其开发重点应放在农业资源的开发、配套设施的建设、宣传促销和扩大市场方面；如果处在巩固阶段以后，其开发重点应放在开发新的休闲农业旅游资源、增加新的具有吸引力的旅游项目上，并做好旅游宣传促销。如图3-13所示。

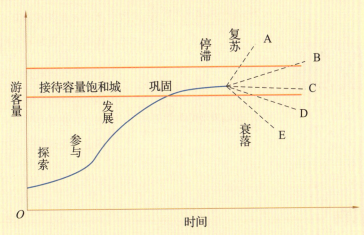

图3-13 旅游地生命周期曲线

五、农业区位论

农业区位论指以城市为中心，由内向外呈同心圆状分布的农业地带，因其与中心城市的距离不同而引起生产基础和利润收入的地区差异，同时也要把自然、技术、社会、行为、政策等因素考虑在内。我国在发展休闲农业时，要充分考虑国情，农业结构调整必须同生产力水平相一致，同时农业结构调整必须因地制宜，使我国农业经济发展符合国情，符合广大农村的实际情况，努力探索和建立具有中国特色的休闲农业开发与经营方式。

六、可持续发展理论

可持续发展理论强调，人类追求健康而富有生产成果的生活权力的同时，应当是坚持与自然相和谐式的统一，不应当采取耗竭资源、破坏生态和污染环境的方式来追求这种发展权力的实现。同时强调当代人在创造与追求发展与消费的时候，不能剥夺后代人发展与消费的机会，要承认并努力做到使自己的机会和后代人的机会平等。在开发休闲农业时对资源的利用就要考虑到可持续发展，采取一定的措施进行生态、环境、资源和文化的保护，实现休闲农业的可持续发展。

▶ 休闲农业

项目小结

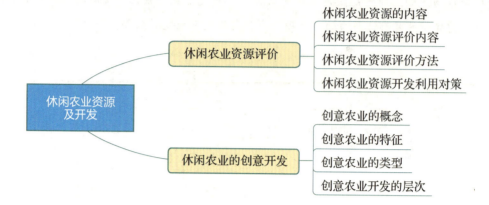

复习思考

1. 休闲农业的资源有哪些，在休闲农业打造中应如何利用？
2. 利用休闲农业资源进行创意开发的主要类型有哪些？

技能训练三　休闲农业资源收集及评价

一、技能训练目标

通过对家乡休闲农业资源进行调研、收集及整理，对休闲农业资源进行评价。

二、技能训练材料与用具

实地、电脑和调查问卷。

三、技能训练步骤

1. 休闲农业资源收集。

2. 休闲农业资源分析分类。结合收集到的资源特征进行生产资源、生物资源、生态资源等的分类。

3. 休闲农业资源评价。从休闲农业资源的价值、环境及开发条件等方面进行资源的定性及定量评价。

四、技能训练报告

完成资源收集及分类评价，进行小组PPT汇报。

表 3-1　休闲农业资源收集及评价实训评量表

专业班级：		组别：		姓名：		学号：			
各位同学： 　1. 为了体现休闲农业课程中休闲农业资源收集及评价的实训教学效果，请在老师的安排下按时提交PPT及本评量单； 　2. 请针对下列评价项目并参酌"评量规准"，于自评、组评项按照 A、B、C、D 打分，再请老师复评。									
评量规准									
符号向度	A （80～100分）	B （60～80分）	C （0～60分）	D （0分）	自评	组评	教师复评		
1. 整体 （25%）	紧扣主题、内容完整、重点突出	基本做到紧扣主题、内容完整、重点突出	主题不明确、内容不完整、重点不突出	无汇报PPT					
2. 资源的数量 （25%）	资源数量多、分析详细，重点突出	资源数量一般、分析较简单，重点较突出	资源单一、分析简单，重点不突出	无汇报PPT					
3. 资源的特色 （25%）	资源吸引力高、特色鲜明	资源吸引力较高、具有特色	资源不具吸引力、特色不够鲜明	无汇报PPT					
4. 展示 （25%）	汇报者精神饱满、表达清晰、有互动	汇报者基本能做到精神饱满、表达清晰、有互动	汇报者表达一般、无互动	无汇报PPT					
小计：									
合计：									
分享： 　　　　　　　　　　　　　　　　　　　　　　　　　　　评价教师：									

模块四

休闲农业项目策划

项目导读

策划是一种理性思维活动，它是一种策略、筹划、谋划，或者计划、打算，是为了达到一定的目的，在充分调查市场环境及相关联的环境的基础上，遵循一定的方法或者规则，对未来即将发生的事情进行系统、周密、科学的预测并做出决策，制订科学的可行性的方案。策划是针对未来事物的，在具有创新性的同时应该具备可操作性，具有竞争功能、决策功能、计划功能和预测功能。

休闲农业

单元一 休闲农业策划流程

【知识目标】
1. 能阐述休闲农业开发相关的法律法规要求。
2. 能说出休闲农业策划的基本步骤。

【技能目标】
1. 能够进行休闲农业的策划,并完成策划书的撰写。
2. 会进行休闲农业策划前期的区位分析、资料收集、SWOT分析等。

【素质目标】
1. 具有学法、知法、用法的基本素质。
2. 培养科学、严谨的工作作风。

一、休闲农业策划的基本任务

休闲农业策划是要通过创造性思维,整合农村景观、农业活动、农村民俗文化等一系列休闲农业资源的过程。其基本任务是:在休闲农业规划之前,通过深度研究和创造性思维,进行准确的目标定位、功能定位、市场定位、主题定位和形象定位,建立核心吸引力和核心竞争力,形成独特的休闲农业产品形态和营销行动计划,为休闲农业具体规划和单体设计奠定基础,指明方向。

二、休闲农业策划的基本要求

(一)执行国家相关法律法规

休闲农业作为一种调整农业结构、发展农村经济、迎合大众休闲游憩需求的生态产业，其发展不是少数人随意的主观意图，而是当地社会经济发展的要求，是在一定的自然、社会空间范围展开的，不能离开当地社会经济发展的大环境，不能违背国家相关的法律、法规、基本规范与标准等。

1. 土地法

《中华人民共和国宪法》（以下简称《宪法》）明确规定："城市市区的土地属于全民所有，即国家所有，农村和城市郊区的土地除法律规定属于国家所有的以外，属于集体所有；宅基地和留地、自留山，属于集体所有。""任何组织或者个人不得侵占、买卖或者以其他形式非法转让土地。土地的使用权可以依照法律的规定转让。"

《中华人民共和国土地管理法》第十三条规定："农民集体所有和国家所有依法由农民集体使用的耕地、林地、草地，以及其他依法用于农业的土地，采取农村集体经济组织内部的家庭承包方式承包，不宜采取家庭承包方式的荒山、荒沟、荒丘、荒滩等，可以采取招标、拍卖、公开协商等方式承包，从事种植业、林业、畜牧业、渔业生产。家庭承包的耕地的承包期为三十年，草地的承包期为三十年至五十年，林地的承包期为三十年至七十年；耕地承包期届满后再延长三十年，草地、林地承包期届满后依法相应延长。国家所有依法用于农业的土地可以由单位或者个人承包经营，从事种植业、林业、畜牧业、渔业生产。"《农村土地承包法》第十条规定："国家保护承包方依法、自愿、有偿地流转土地承包经营权，保护土地经营权人的合法权益，任何组织和个人不得侵犯。"

土地政策不同时期的改变，特别是土地流转，符合休闲农业发展要求，发展休闲农业，可以通过转包、互换、入股、合作、反租倒包等方式获得相应的土地。

2. 环境法

《宪法》第九条："矿藏、水流、森林、山岭、草原、荒地、滩涂等自然资源，都属于国家所有，即全民所有；由法律规定属于集体所有的森林和山岭、草原、荒地、滩涂除外。国家保障自然资源的合理利用，保护珍贵的动物和植物。"

《环境保护法》（2014年修订）第六条"一切单位和个人都有保护环境的义务。"和第三十条："开发利用自然资源，应当合理开发，保护生物多样性，保障生态安全，依法制定有关生态保护和恢复治理方案并予以实施。"涉及休闲农业环境保护的单行法众多，包括《中国人民共和国农业法》《中国人民共和国矿产资源法》《中国人民共和国森林法》《中国人民共和国草原法》《中国人民共和国水土保持法》《土地利用总体规划管理办法》《中国人民共和国大气污染防治法》《中国人民共和国水污染防治法》《中国人民共和国噪声污染防治法》《中国人民共和国固体废物污染环境防治法》《中国人民共和国海洋环境保

> 休闲农业

护法》等，这些单行法奠定休闲农业资源开发和环境保护的法律基础。

行政法规和部门规章制度众多的旅游类和农业类法规以行政法规和部门规章的形式在不同程度上指导休闲农业环境建设。《风景名胜区管理条例》（2006 年）为休闲农业经营管理、资源利用和污染治理提供基本规范；《基本农田保护条例》（1998 年）在休闲农业农用地利用管理方面做出了限制；《关于进一步加强旅游生态环境保护工作的通知》（旅计财发〔2005〕5 号）明确规定将生态环境保护纳入各级各类旅游规划；《旅游资源保护暂行办法》（旅办发〔2007〕131 号）为休闲农业资源利用和保护提供进一步指导。

在休闲农业发展的实践中，各地依据自身资源环境特点，积极建设地方性法律法规。尤其是在旅游资源比较丰富、休闲农业发展相对迅速的地区，当地立法机关制定了一系列促进当地休闲农业健康发展的法律法规。如《福建省农业生态环境保护条例》、《西安市秦岭生态环境保护条例》等。规范休闲农业环境建设法规逐渐出台，环境法制日趋受到重视。

中华人民共和国旅游法

3. 旅游法

《中国人民共和国旅游法》（以下简称《旅游法》）明确提出"国务院和省、自治区、直辖市人民政府以及旅游资源丰富的设区的市和县级人民政府，应当按照国民经济和社会发展规划的要求，组织编制旅游发展规划。"《旅游法》在规划内容上，明确了规划在旅游资源保护、旅游产业体系建设基础设施建设、产业发展质量等方面的具体要求，清楚地界定了旅游规划在资源保护旅游文化建设、旅游形象推广等方面的责任和规划要求，对于克服地方旅游建设中重开发轻保护、重设施轻文化、重项目投入轻形象推广、重景观建设轻环境建设、重产业规模轻发展质量等比较尖锐的问题，赋予了法律的责任和规范。《旅游法》突出强调了"旅游发展规划应当与土地利用总体规划、城乡规划、环境保护规划以及其他自然资源和文物等人文资源的保护和利用规划相衔接"，从法律上确定了旅游规划与其他社会经济发展规划之间的地位衔接问题。解决了长期以来旅游规划在地方政府决策中缺乏位置、没有价值、没有空间、没有认同的问题。《旅游法》对于城市发展中的交通、通信、供水、供电、环保等基础设施和公共服务设施，提出了"应当兼顾旅游业发展的需要"的明确要求。

旅游资源保护暂行办法

4. 国家标准和行业标准

2002 年国家旅游局颁布了《全国农业旅游示范点、工业旅游示范点检查标准（试行）》；2010 年国家农业部（现农业农村部）制定了《全国休闲农业与乡村旅游企业（园区）星级评定标准》，并于当年在全国开展了"全国休闲农业与乡村旅游示范县和全国休闲农业示范点创建活动"，评定了40家全国休闲农业与乡村旅游星级企业（园区），全国休闲农业与乡村旅游示范县32个和示范点100个。而后出台了《休闲农庄建设规范》（NY/T 2366-2013）《美丽乡村建设指南》（GB/T 32000—2015）等规范与标准，为我国休闲农业的建设和发展提供了保障。

5. 当地的规划性文件

如省、市的社会经济发展规划，省、市的旅游业发展规划，与旅游业发展相关的当地规划文件，如"土地资源利用规划""农业发展规划""交通发展规划""环境保护规划""城镇建设规划"等。

（二）做充分的调查研究

休闲农业策划是对一个地区在一段时期内产业发展的构想，这个构想不可能是空穴来风，也不可能是把其他地方的规划简单移植、照抄照搬过来的。它只能是对本地区农业资源的全面认识、旅游产品现状的全面把握以及对旅游市场的全面分析以后得出的一个理性的认识。在编制以前，必定要经过深入的调查研究，包括资料的占有、现场的踏勘、市场调查等，只有对所有相关元素了如指掌，编制的策划才可能有针对性、有生命力、有实效性。

（三）创新的思维和理念

休闲农业的要旨是求新、求奇、求特。创新是休闲农业策划生命力的源泉，只有充分展示自己的独特内涵，充分张扬自己与众不同的个性，游客才会纷至沓来。现在许多地区的乡村旅游，都是一样的农家乐、一样的水乡小镇、一样的深院大宅，就像是一个模子里铸造出来的，缺乏创意、缺乏个性。创新是进行策划的灵魂，创新包括理念的创新、内容的创新和方法的创新。能不能在看似平淡无奇的资源中发现其中的闪光点，能不能在大家习以为常的展示手法中融合进新鲜的技巧，形成别样的视角，甚至化腐朽为神奇，关键在于策划者有没有创新的思维和理念，达到内容的创新和方法的创新。理念决定成效，有了创新的理念，就能发现独特的闪光点，才能构想独特，标新立异，设计出富有特色、富有激情、富有吸引力的产品。

三、休闲农业策划的基本步骤

（一）区位分析

区位主要指旅游地的空间环境。区位分析是通过对旅游地社会经济条件的分析，明

> 休闲农业

晰旅游目的地和旅游客源地的空间关系。休闲农业策划的区位分析需着重注意以下几个问题。

1. 休闲农业旅游地所在区域的宏观环境

区位分析，首先要分析宏观的整体环境。旅游活动是在一定空间范围里进行的，游客是不是到这个地域里来旅游，首先要看该旅游地能向游客提供什么，是不是具有吸引力，但旅游又是活动型、综合型的，每一个旅游地都受周边环境制约，受周边环境影响。开发一个村、镇、县的休闲农业，不能就村、镇、县来谈村、镇、县，而要把它放在一个相对比较宽广的空间范围里来分析区位条件，包括整个区域的农业发展情况、人文历史背景、经济发展水平、政治文化条件、交通通达情况，以及整个区域在国内外的知名度。

2. 休闲农业旅游地在区域环境中的地位

宏观环境是休闲农业的外部诱因，区位分析还要着重分析休闲农业旅游地在区域中的地位，包括地形特征、资源特点、产业特色，以及在区域中经济发达程度的排位、当地居民的社会人均收入、文化教育程度等。分析休闲农业在区域环境中的地位，目的是把握发展休闲农业的内因条件。

3. 休闲农业旅游地和中心城市、依托城市或城镇的关系

城镇是地区政治、经济、文化、交通的中心地和集散中心，不仅具有较高的知名度、较为完善的基础设施和服务设施，也往往是交通的枢纽，因此城镇是休闲农业的人流集散中心、基础保障基地。不少休闲农业旅游地有丰富的开发资源，但往往资金短缺、设施落后、信息闭塞，发展休闲农业要充分依托城市或城镇的有利条件，中心城市应该成为休闲农业的窗口，城镇是乡村的后盾和保障，相互形成互动关系。进行区位分析时要十分重视该地区城市或城镇的旅游功能对休闲农业的支撑和带动作用。

4. 休闲农业旅游地和交通干线的关系

交通是旅游发展的关键性因素，游客能否"进得来、出得去、散得开"，是旅游业能否发达兴旺的关键。乡村地区地域分散，交通相对不便，发展休闲农业需要更多依托于现有的交通干线和网络。在分析休闲农业旅游地和交通干线的关系时，应该分析大交通（外部交通）的种类、布局、网络化程度，小交通（内部交通）的种类、布局、密度、等级，大交通和小交通的衔接以及公交化程度。分析交通关系，不但要从优势和瓶颈两方面分析内外交通的现状，还应分析国家和地区交通发展对本地区旅游发展所带来的潜在的机遇或威胁。

5. 休闲农业旅游地和相邻旅游区的资源比较

每一个地区在开发旅游产品时，都要突出自己的特质及与相邻地区的区别。休闲农业也不例外，虽然在一个大的区域范围里，相邻地区的自然环境、地理特点和气候条件相近或相同，但对于具体的一些资源，自然环境如港湾湖泊，农业资源如作物栽培、动物饲养，人文艺术如建筑遗址、手工艺品等，每个地区甚至每个村落都会有自身的特点。梳理本地区的旅游资源，为的是挖掘自身的个性，有意识地凸显与相邻地区的不同特质。不同地点的休闲农业都突出了自身的物质特性，就可以形成自己的特色，相互之间形成错位经营、联动经营。

（二）现场踏勘及资料收集

1. 自然地理情况

自然地理情况包括地理位置、气候特征、地形地貌、土壤性质、水文分布、植物种类和分布、动物种类和分布等。这些情况的资料是确定资源开发、规划布局、功能分区、环境保护所必备的。休闲农业游客青睐乡村田园风光，编制休闲农业规划时充分开发利用自然条件尤其显得重要。

2. 人文历史情况

人文历史情况包括历史沿革、民俗风情、民族宗教、衣食住行、建筑源流、名人活动，以及包括口头非物质民间文化在内的文学艺术等。一个地区的历史文化传统是它的文脉。我国地域辽阔，广袤乡村"五里不同风，十里不同俗"，建筑餐饮、民歌、传统，无不鲜明凸现不同的地域文化。挖掘当地的历史文化，详细陈述人文历史情况，是策划人文旅游的依据。休闲农业策划要特别关注建筑文化、名人文化、乡土特产、民间风俗等可以开发成旅游产品的文化资源。

3. 社会经济情况

社会经济情况包括人口变迁、民族分布、建制沿革、经济水平、产业结构等。休闲农业策划应该特别清楚农业资源和农业产业的现状，因为它是发展休闲农业的经济基础，也是发展休闲农业的制约因素。

4. 旅游业发展现状

旅游业发展现状包括现有旅游业的产业规模、发展过程、产业特点、存在问题，以及所在区域城乡建设总体规划、土地利用规划、新农村建设规划、农业规划、旅游规划等相关的情况。现状是发展的基础，只有深切掌握现状，才能从基础出发继续前行。

（三）现状分析与 SWOT 分析

农业和农村可开发的资源很多，但并不是所有的资源都适合开发成休闲农业，所以在进行休闲农业开发策划之前首先要对所在地的资源进行全面的调查和分析，确定哪些是可以用于旅游开发的资源，哪些是不能用于旅游开发的资源。所以，应根据上述踏勘和收集的情况，对本区域条件、休闲农业资源、已有的休闲农业项目、休闲农业发展环境等进行分析和评价。SWOT 分析是确定休闲农业项目的竞争优势（Strength）、竞争劣势（Weakness）、外部环境的机会（Opportunity）和外部环境的威胁（Threat）。SWOT 分析又称态势分析，它通过对优势、劣势、机遇和风险的分析，比较客观地描绘出本地区的现实情况，从而找出对自己有利的、值得发扬的因素以及对自己不利的因素和存在的问题，寻找出解决的办法，明确以后的发展方向，为该项目的战略定位提供依据。

1. 内部优势分析

根据旅游产业的各项要素，客观地分析休闲农业自身在区位、资源、产业基础、市场、经济水平，政策保障等方面所具备的优势。这些优势应该足以保证休闲农业的吸引力和正常运转。休闲农业的发展应该建立在这些优势的基础之上，策划应对这些优势整合开发提出对策和提供依据。

2. 内部劣势分析

许多策划对劣势的分析一带而过，这是有失偏颇的。优势要详细说明，劣势也要实事求是地分析。如果劣势的制约证明当地发展休闲农业是不可行的，那么策划者应该坚决阻断规划编制工作的继续进行。反之，虽然存在劣势或者瓶颈，但并非从根本上"颠覆"休闲农业的发展，那么就应该对这些劣势排列分析，为回避这些劣势、化解这些劣势、转化这些劣势提出对策和提供依据。

3. 外部机遇分析

外部机遇为休闲农业发展提供大环境。内因是根据，外因是条件，但一个良好的外部机遇往往是发展休闲农业成败的重要因素。外部机遇包括国内外的整体宏观环境、国家的宏观经济形势和政策走向、国家和地区（省、市）的产业导向、产业配置、产业调整和经济发展水平，以及一些重大活动、重大工程、重大政策出台对本地区休闲农业发展可能产生的影响。这些因素可能并非属于休闲农业范围,但它能对本地区休闲农业的发展产生直接或间接、显性或隐性、近期或长远的重大影响,同样是进行休闲农业策划的重要依据。

4. 外部风险分析

旅游业是一个十分敏感的产业,天文地理、政治经济、国际国内的各种"风吹草动"都会对旅游业带来波动和影响,尤其对休闲农业旅游市场会产生相当大的影响。休闲农业策划应对可能产生的风险做出客观预测,并为回避这些外部风险提出对策和提供依据。

(四)发展定位及发展目标确定

在调查、分析的基础上,进行发展定位及发展目标确定。发展定位包括功能定位与发展方向、形象定位与主题策划、市场定位与目标客源。功能定位与发展目标就是围绕吃、住、行、游、购、娱六要素,结合农业休闲观光方式,确定主体功能(如休闲娱乐型、休闲观赏型、科普教育型、农事体验型、疗养度假型、民俗节庆型、会议餐饮型等);形象定位与主题策划就是根据项目的特点,导入人们熟知的人文、生态、生物、科技的形象概念,提出独特、清晰、引人入胜的主题(如"桃花盛开的地方""多彩香草园,四季养生港");市场定位与目标客源就是分析确定目标市场和目标客源,并按照功能区,营销时序、客源类别构造三维营销战略框架。发展目标确定包括某一发展时期及其分时段的游客量、销售额、利润等目标。

(五)分区策划和单体设置

规模较大的休闲农业要进行功能分区,功能分区是突出休闲农业经营主体、协调各分区的手段。功能分区要根据农业生产布局、资源分异和游客休闲观光的要求确定,每个功能要有一个形象定位,确定一个主题,同时要对每个功能区的重要单体进行策划,对标志性单体(如雕塑小品、园艺、建筑、牌坊等)进行初步设计。休闲观光农业在策划阶段要绘制功能区布局图,最好附有标志性单体效果图。

(六)营销策划和节事安排

营销策划包括品牌策划、宣传策划、促销策划等。节事活动往往是推广休闲农业产品、招商引资的重要形式,是吸引游客、树立旅游形象、提高知名度、增加客源的重要手段,节事活动要围绕主题开展,表现形式要活泼。实行市场化运作,将节事活动与休闲农业推广、农产品销售、企业宣传和冠名结合起来,如举办桃花节、葡萄节、龙舟赛等。

▶ 休闲农业

单元二　休闲农业内容策划

【知识目标】
1. 能阐述休闲农业策划的基本内容及要求。
2. 能说出主题形象的组成及设计理念。

【技能目标】
1. 能进行主题形象、体验活动、旅游商品、景观布局、管理模式等的策划。
2. 能进行休闲农业项目的创意策划。
3. 能完成一份休闲农业项目策划书。

【素质目标】
1. 培养具有热爱自然环境、保护自然环境的情感。
2. 培养具有创新思维和系统思维的良好工作习惯。

一、主题形象策划

休闲农业形象是休闲农业旅游地内在素质和外在表现的综合体现，它是休闲农业通往成功之路的重要因素。

（一）主题形象的内涵

休闲农业形象具有多种意义上的两重统一性。

（1）具体与抽象的统一。形象是具体的、可感知的，在很多情况下又往往是抽象的、不可触及的。

（2）主观与客观的统一。形象是行为主体的言行和表现，体现出行为主体的主观性，但行为主体的表现需要有客体来评价，客观形象同主观形象之间是有差异的，不可能完全重合，理想的结果是通过各种努力尽可能缩小客观形象同主观形象之间的差距。

（3）内在素质与外在表现的统一。形象往往是以外在的形式表现出来，但外在的表现归根结底取决于内在素质。休闲农业旅游地的外在形象取决于其内在的经营理念、企业文化。休闲农业旅游地的内在素质一般包括经济实力、管理水平、产品质量和员工素质等要素，而外在表现则是易为外界公众看到、听到或感觉到的静态实物或动态言行。公众往往是首先通过休闲农业旅游地良好的外在表现，进而对其产生兴趣，认识其内在素质，逐步形成自己心目中的休闲农业旅游地形象。

（二）主题形象的组成

休闲农业形象由三大部分组成，即：理念识别（Mind Identity，简称 MI）、行为识别（Behavior Identity，简称 BI）和视觉识别（Visual Identity，简称 VI）。这三者相互作用、相互影响，形成一个完整的识别系统，简称 Cis（Corporate Identity System）。MI 是休闲农业在发展过程中形成的具有独特个性的价值观念体系，BI 是在这种理念指导下逐渐培育起来的休闲农业从业人员自觉遵守的工作方式和行为方法，VI 是休闲农业所特有的一套识别标志。理念识别是行为识别和视觉识别的基础，行为识别、视觉识别分别是理念识别的动态和静态的外在体现。

1. 理念识别系统

理念识别系统是旅游形象系统的支柱，由社会使命、经营观念、行为规程、活动领域四部分组成。社会使命是旅游经营活动的依据和出发点。经营观念是旅游经营活动的指导思想，如企业精神、职业道德、质量意识、服务意识、企业凝聚力等，它反映一种价值观和思想水平。行为规程是旅游经营观念指导下对旅游从业人员的行为规范的具体要求，它体现在员工手册、岗位责任说明书、岗位操作规程、劳动纪律中。活动领域是旅游服务活动的范围，如乡村"农家乐"饭店，主要为旅游者提供食宿设施与服务。我国把旅行社划分为国内旅行社和国际旅行社，指明了不同旅行社的活动领域。社会使命、经营观念和行为规程属于旅游经营理念，活动领域为旅游经营理念提供具体的表现场所。

2. 行为识别系统

行为识别系统是理念识别系统的主要体现，通过服务行为和社会行为来传达。游客往往通过旅游经营组织的每个员工的一言一行的服务行为来具体识别旅游形象。休闲农业经营者通过对员工的教育、培训以及为员工创造良好的工作环境，促使员工自觉地把自己的一言一行与旅游形象联系起来，提供优质产品和最佳服务。社会行为主要包括公共关系活动、社会公益活动、专题活动、形象广告活动等。良好的社会行为识别可以使社会公众了解休闲农业经营组织的信息，产生好感和信赖，从而在社会公众中树立良好的形象。

3. 视觉识别系统

视觉识别系统是指通过组织化、系统化的特有的视觉设计，包括标志、建筑物、车辆、制服、办公用品等，来展示旅游形象。

（三）主题形象的设计

1. 基本设计系统

基本设计系统包括企业名称、标准标志、变形标志、标准字体、印刷字体、标准色彩、辅助色彩、商标品牌、象征纹样、吉祥物等。其中，以标准标志、标准字体、标准色彩为核心；而标志又是这三大核心中的核心，是促发和形成所有视觉要素的主导力量。

2. 应用设计系统

应用设计系统包括办公用品类、旗帜类、指示标识类、服装类、广告宣传类、资料类、环境与陈设类、运输工具及设备类、公关礼品类、产品与包装类等。

（1）办公用品类设计。休闲农业旅游的办公用品主要包括名片、信封、信纸等事务用品，以及发票、介绍信、合同书等。这类用品的设计与制作可以体现出强烈的统一性和规范化，可以标志性的图形、文字格式、色彩、尺寸等，给人一种全新的感受和统一的风格，由此也能展现企业文化。

（2）指示标识类设计。指示标识是对某一设施、部门位置的确认，也是对景区、功能区域分布的提示。休闲农业园区的客人可能来自不同的国家和地区，为了方便游客，休闲农业景点不仅可以用文字来进行指示标识，这些指示标识可以让游客一眼就能明了指示内容，也可以根据客源不同，设计不同风格的路标指示牌（见图4-1）。

（3）服装饰品类设计。员工统一着装，是使员工产生归属感的一种有效手段，同时也便于管理，带来整齐划一的效果。休闲农业园区的工作人员可以根据工作职责的不同，设计不同的工作服，统一着装。特别是在民俗村、古镇这种休闲农业模式中，让一线工作人员尽可能穿戴富有当地乡村特色的服饰，这类服饰最易受游客的欢迎。

（4）环境陈设类设计。环境布置首先要讲究风格和装饰材料，不同的材料有不同的风格，选择装饰材料不能一味追求豪华（见图4-2）。环境陈设一般有3种风格，如大屋顶、琉璃瓦、雕花木结构的传统风格，形式上讲究对称；高层建筑加裙房的现代风格，一般配合雕塑或喷水池；采用当地石头、竹子、砖头、木材和传统生活用品进行装饰和陈列的具有乡土风味的民族风格。环境陈列的装饰材料也很讲究,如乡村农家乐,宜采用简约朴素的民族风格和富于地方特色的传统风格,果蔬园区设计蔬菜形状的环境陈设品等(见图4-3)。

图4-1 指示标识类设计

图4-2 凉亭

石榴造型垃圾桶　梨造型垃圾桶　苹果造型垃圾桶　苹果造型垃圾桶　提取橘果的色彩,作为垃圾桶的设计元素　香蕉造型垃圾桶

图4-3 水果型环境陈设

▶ 休闲农业

休闲农业形象塑造是一个系统工程，是以理念识别系统为基础和核心，行为识别系统为主导，视觉识别系统为表现的整合工程。在这一系统的整合工程中，所有的视觉表现以内在的经营理念为依托，只有对经营理念有了充分的理解，才能真正制作出能够反映经营理念的视觉识别系统，才能使消费者通过这种视觉识别体会到休闲农业的基本精神以及独特的个性。实践证明，任何表里不统一的旅游经营组织，其外在形象再美，也绝不会引起人们的好感。某些乡村农家乐饭店装潢得富丽堂皇，但陈设杂乱无章，员工虽然身穿崭新的服装，却言行举止不文明，懒懒散散，粗话脏话不断，如此这般只能引起游客反感，厌恶其漂亮的外表。休闲农业经营者必须注重内容，通过一系列有效的管理活动、社会活动和服务活动来塑造良好的旅游形象。这些工作要依靠休闲农业全体从业人员来完成，绝非视觉设计者能代替得了的。

二、体验活动策划

所谓体验活动，就是休闲农业项目以服务为舞台，以商品（农产品、文化）为道具，环绕着游客创造出值得游客回忆的活动。这其中商品是有形的，服务是无形的，而创造出的体验是令人难忘的。体验因游客的参与程度分为主动参与和被动参与，游客之间的关联及与环境的关系，分为融入情境或只是吸收信息。

1. 想去感受的娱乐体验

游客较被动，以吸收信息为体验的主要方式，如欣赏表演（见图4-4）、听歌、看画展、阅读、看电视等。

图4-4　欣赏体验

2. 想学的教育体验

游客主动参与，吸收资讯，如访问参观、户外教学、感性旅行等，以获取知识技术为目的的体验方式（见图 4-5）。

图 4-5　猪小惠农场教授蔬菜种植知识

3. 想做的跳脱现实体验

游客更主动参与，更融入情境，如主题公园、虚拟太空游戏、扮演童话故事人物、虚拟时空变幻、挑战活动（见图 4-6）等。

4. 心向往之的美学体验

游客虽主动参与少，但深度融入情境，个别性的感受多。如面对我国黄山、长城、阿里山、草场（见图 4-7）产生心神往之的感觉。

图 4-6　镇远古镇漂流项目　　　　　　　　图 4-7　草场

一项活动设计不应让游客只产生一种体验，应该尽量设计成包含多种的体验。一般而言，让人感受最丰富的体验是同时涵盖 4 个方面，也就是处于四方面交会的"甜蜜地带"的体验，譬如采果、欣赏果园美景及黄澄澄的柑橘，而觉得心情愉悦，属娱乐的体验；学习果树正确的采摘技术及水果的营养价值，属教育的体验；认养果树，满足跳脱现实的体验；感叹大地哺育万物，向往奥秘的大自然，属于美学的体验。

> 休闲农业

> 典型案例

猪小惠生态农场运营情况简介

一、基地简介

猪小惠生态农场自2002年建设以来，本着"敬天爱人、知行合一"的精神，始终遵守生态循环理念，致力于做有良知的社会型农业企业，现有基地面积400多亩（一亩≈666.7平方米），一直在实践生态、生活、生命"三生"教育，开展食农课程、夜观课程、自然体验课程、团队拓展等20类课程，导师必须爱孩子和爱自然，并持有国家人力资源部颁发的研学旅行导师资质、红十字会颁发的急救证书，日接待游客量500位左右。

猪小惠农场致力于教育行动＋坚持学生成长导向，针对不同学段特点和教育目标，定制化研学实践产品，让学生们在与大自然的接触中体悟具有教育意义的活动主题，让孩子们回到自然，认识自然，保护自然，在自然中体验人与人、人与自然以及自然本身原有的平衡与和谐，对心灵的抚爱和陶冶，不仅可以激发学生的自然热情，而且也是教育的初衷和归结，是学生、家长、学校所共愿。在自然环境中探索自然、学习自然、保护自然、喜悦自然，促进敬爱自然的朋友在自然中"体验、感悟、分享、成长"。

二、项目设计

项目一：走进生态认识猪小惠（2~3小时）

适合年段：幼儿园、中小学

地点：猪小惠生态农场

主要内容：

1. 阳台农业、现代设施农业设计，为学校打造食安实践基地；
2. 学校昆虫博物馆设计、建设及维护，科普进校园昆虫流动展。
3. "开启孩子自然之窗""昆虫世界""生态循环农业"等科普讲座进校园；
4. 参观讲解传统农业（鱼稻共生、鸭稻共生、休耕、轮作等）、现代设施农业（鱼菜共生、无土栽培、水培、三培等）、林下经济等；
5. 体验当地当季20~50种果蔬生产。春播、夏长、秋收、冬藏，春天手把青苗插满田，秋天在稻田里抓稻花鱼、割水稻等生态果蔬采摘。

活动目标：

根据四季的不同安排农场参观和田间劳作，猪小惠生态学校不只是农耕体验，还要认识农产品从土地到餐桌的历程，选择友善环境的食材，不只安心，还蕴含人与土地的多重连接，更有机会慢慢形成生产与消费间的良性循环。对土地、作物有更多具体经验与认识，了解自己吃的食物、培养选择食材的能力，并且对农业生产者有更立体的认识，才能从根本化解一再发生的食安危机。重建人与土地的连接,追求人与自然的共好。

项目二:生活大探秘(2~3小时)

适合年段:幼儿园、中小学

地点:猪小惠生态农场

主要内容:

1. 采集清明草,制作清明果,理解应季养生;
2. 母亲节前后和母亲一起磨豆腐,了解卤水豆腐的制作工艺,感受母亲的"豆腐心";
3. 端午时节,亲子一起包粽子,感受父亲"粽子"情深;
4. 捡拾柴火,"厨娘"用柴火灶炒菜,为父母献上一份"感恩的心"。

活动目标:

通过生活技能的引导,使学生获得关于自我、社会、自然的真实体验,建立学习与生活的有机联系。

项目三:自然生命观赏(2~3小时)

适合年段:幼儿园、中小学

地点:猪小惠生态农场

主要内容:

1. 植树护地球,净山活动,无痕农场,呵护地球母亲;
2. 小工程师为来南方越冬的动物们建造昆虫旅馆;
3. 夜观萤火虫飞舞、树蛙攀爬、蠡斯蜕变、火龙果开花、竹节虫隐藏、蜘蛛捕食等,露营体验山里的清凉;
4. 参观生态园虫馆,近距离观察仿生态环境下蝴蝶、螳螂、瓢虫、蛙类、蜜蜂等;
5. 自然物艺术创作,植物拓印、叶脉书签、植物标本、昆虫标本等。

活动目标:

大自然是我们最好的老师,大地是我们的教室,没有边界、不分昼夜、不拘形式。通过领取任务卡、唤醒热忱、集中注意力、直接体验、分享启示的流水学习法,训练孩子的眼力、专注力并增加他们的自然知识与经验,去感受大自然的奥妙与完美,从而学会欣赏自然、尊重生命以及开发想象力。引导儿童通过自然观察与自然体验,让儿童身心得以健康发展,用欣赏自然万物来丰富儿童的想象力,进而提升创作力。将课本中的内容以探索式、游戏式呈现。

项目四:团队拓展建设型(3~4小时)

适合年段:幼儿园、中小学

▶ 休闲农业

地点：猪小惠生态农场

主要内容：

1. 农味运动会，增强体质，养护心灵，增强体质；

2. 愤怒的小鸟水球大战、草原滑草、轮胎接力赛等；

3. 人猿泰山、扁带桥、轮胎吊桥、草原飞鹰、沙池寻宝、溜索、绳梯爬树等。

活动目标：

团建过程是非常考验团队协作、突破个人恐惧，提升个人之于自我、团队、社会认知的一个过程。学会谦卑、众志成城、步步为营等品格升华，大自然带给我们的快乐，我们更要尊重大自然，集体致谢不仅在活动的开始、结束，更是行进过程中的一花一木一阳光。

项目五：耕读冬夏令营

适合年段：幼儿园、中小学

地点：猪小惠生态农场

主要内容：

Day1：团队建设——寻宝任务，生活公约，团队建设。

Day2：探索猪小惠生态循环系统的神奇。

Day3：彩色农场。

Day4：徒步大帽山，户外挑战之旅。

Day5：成长少年，颁奖返回。

活动目标：

"耕"是指种田，这是农民的本分，即事稼穑，丰五谷，养家糊口，以此安身立命；而"读"则是指种田的人在农闲时也以读书为乐，更因为"读"可以知诗书，达礼义，修身养性。

三、休闲农业产品策划

（一）休闲农业产品的内涵

休闲农业产品有狭义和广义之分，狭义的休闲农业产品指休闲农业商品，专指休闲农业游客在旅游过程中所购买的实物商品，这些商品一般具有欣赏、纪念、保值、馈赠意义或实用价值，可以是实用品、工艺品、艺术品和纪念品。但广义的休闲农业产品包括的内容要更多，除了实物商品外，农业本身及很多人文和自然类型的资源都可以整合设计成为富有乡村特色的休闲农业产品，这与休闲农业产品资源的丰富性是对应的。

（二）休闲农业产品体系

休闲农业产品从休闲农业的资源与市场需求角度可以分为核心产品、辅助产品和扩张产品3个层次。这3个层次的休闲农业产品，构成了完整的休闲农业产品体系。

1. 核心产品

休闲农业旅游与其他旅游有着本质区别，休闲农业的核心资源是农业景观和乡村文化。休闲农业的核心产品包括乡村景观和乡村文化以及接待和度假服务，游客通过对核心产品的消费，能够在乡村环境中与本土居民共享乡村文化和乡村生活。

2. 辅助产品

在核心产品的基础上，由本土的各种直接或间接旅游从业人员提供的如餐饮、博物馆、娱乐活动、土特产、工艺品、集市庙会等，就叫作辅助产品。它超越了核心产品的范畴，不仅扩大了休闲农业核心产品的层次和内容，而且可以增加核心商品的市场吸引力，是休闲农业不可或缺的重要产品层次，也是旅游体验的主要载体之一。

3. 扩张产品

扩张产品是休闲农业发展到一定规模和阶段后所产生的增值服务。如由政府、企业、行业协会等组织提供的营销或服务网络。扩张产品为核心产品和辅助产品提供服务营销和信息平台；通过休闲农业网络、政府和行业协会可以为当地休闲农业产品提供统一的促销渠道，为游客提供信息沟通平台和预订服务。这些在一定程度上可以解决因为产品分散性而带来的营销和管理困难。

（三）休闲农业产品策划

目前，我国的休闲农业旅游产品主要还停留在核心产品层次，也有部分的辅助产品，而在扩张产品层次上的网络和信息服务还远远没有实现。在现阶段，休闲农业旅游产品的开发应该注意对核心产品的深度开发，对辅助产品的多样化开发，对扩张产品的统一化开发。

1. 核心产品策划

（1）自然风光。这种休闲农业旅游产品主要依托乡村的自然地理环境，如田野、草

▶ 休闲农业

原、海洋、山脉、湖泊等。利用著名风景区周边地区或者风景区内部地区，凭借景区的知名度和旅游设施来发展休闲农业，增加景区的商品特色，丰富商品类型和层次，从而增加旅游景区的吸引力。

（2）农业景观。随着我国新农村建设的步伐加快，很多乡村的农业生产形成自己独具的特色，如现代农业果园、暖棚、梯田、林地等。很多农业休闲园、蔬菜高科技示范园、特殊品种的采摘果园等农业旅游资源都可以开发成为特殊的乡村旅游产品。这些特色农业景观和特色商品对于城市居民具有很强的吸引力。

（3）乡村民俗和民族村寨。民俗旅游如今已经成为一种重要的旅游产品，与田园风光、传统文化和村寨风情相结合的休闲农业旅游产品尤其受到市场追捧。游客通过一系列民俗文化产品，从建筑、饮食、服饰、节日、生产、娱乐、礼仪、道德、信仰等各个方面获得丰富的体验，深入领略社会文化的独特意义。这种旅游产品的市场辐射半径比较大，强烈的文化独特性可以对远程的游客产生巨大的吸引力。例如，黄土高坡上的土窑洞是当地特有建筑形式，相应的文化和民俗如信天游、剪纸、面食等也富有独特性，通过对这些独特资源的开发形成的陕北休闲农业旅游产品是其他地区比较少见的，甚至是全国唯一的。

2. 辅助产品策划

（1）收获品尝产品。依托乡村农业设施，提供农业商品的收获体验活动，商品形式主要以采摘垂钓、特色餐饮美食、参与酿制等为主，如草莓、葡萄、黄桃、野菜、食用菌等采摘，垂钓、拾蛋、采茶等活动，这种商品强调旅游者的体验和参与，市场覆盖面比较大，从老年人到青年、儿童都可以找到适合自己的项目。需要注意的是，这类产品要注重绿色无污染。

（2）科普教育产品。这类产品充分发挥休闲农业文化传统认知、传承和教育功能，商品形式主要依托乡村的特色风光、农事活动、村落名胜、历史古迹、特色文化、节事活动或风俗习惯等，开展休闲旅游。如利用药材种植基地开发认知学习商品，又如植物园激发孩子的学习好奇心，增长科普知识；利用农业博物馆以实物图片、多媒体等形式展示农耕文化和农耕技术，介绍农耕历史；利用高效农业示范区展示农业先进生产技术，推广优良品种，发展订单农业，提高农民收益；也可以打造研学、夏令营，由学校或家长等安排的有目的的旅游考察、写生、实习等，让青少年通过休闲农业获得相关的知识和技能。

（3）康体养生产品。随着人们生活水平的提高，人们对养生、保健等方面越来越重视，游客希望到没有环境污染的地方度假、疗养，进行有组织地或自助式地放松活动，由此引申出很多康体养生的休闲农业产品，主要是依托乡村自然地理环境，进行山野及水体运动、乡村疗养健身等。如利用溪流和山峰开发漂流、登山、探险等娱乐休闲和运动商

模块四　休闲农业项目策划

品，在农舍建立老年疗养社区、开发运动养生商品。

（4）休闲娱乐产品。这种产品是目前休闲农业旅游产品的主要类型，目的是满足城市居民在乡村环境中的休闲娱乐活动，如园区导游讲解、农家乐、茶艺表演、民俗歌舞等。

3. 扩张产品策划

扩张产品是指休闲农业企业为消费者在购买和消费过程中所提供的相应服务和附加利益，如旅游咨询、优惠付款、礼品赠送和安全保卫等。休闲农业企业利用附加利益和附加服务提高休闲农业产品的满意度和信任度。

（四）休闲农业产品策划特点

1. 本土特色

产品策划要体现本地的农业特色，不同的休闲农业旅游地具有不同的农业特色，传统农业旅游地和现代农业旅游地要进行不同的产品策划。产品策划要把握地域环境背景与农业发展形成的特色，以保持其原有的资源特色与空气清新的乡村氛围。例如，在区域内开发原始农耕方式的休闲农业产品，能对久居都市的居民产生较大的吸引力。

2. 乡土气息

休闲农业是以乡村空间环境为依托，以乡村独特的生产形态、民俗风情、生活方式、乡村风光、乡村居所和乡村文化等为对象，集休闲、游览、娱乐、度假和购物为一体的旅游形式。休闲农业的目标顾客是城市居民，他们选择休闲农业旅游，是乡村秀丽的田园风光、与城市截然不同的乡村生活方式和宁静祥和的生活氛围对其产生的吸引力。针对这个顾客群体的旅游产品，除了必要的旅游元素，如娱乐性、知识性、参与性等，还必须具备另一个特定要素，即乡村特质，如乡村特有的农产品、地理环境、地方民俗等。因此，在策划开发休闲农业产品过程中，认真调查研究旅游乡村的历史发展过程，从中探寻乡村发展的文脉、生活习惯的演变、民俗风情的沿袭，在保护的前提下尽可能开发出具有浓郁乡土气息的乡村旅游产品，是休闲农业旅游魅力不减的基本条件。

3. 可参与性

这种参与性，要强调当地农民的参与性，调动当地农民的积极性，促进收入的增加，素质的提高；也要强调休闲农业企业与顾客之间的互动、顾客与顾客之间的互动。休闲农业产品的策划要加强可参与项目的设计，以满足游客对闲适自在的农家生活气息、淳朴亲切的农村人际关系和丰富多彩的民俗风情的爱慕与追求,这种置身事外地走马观花是不能获得深刻体验和满足的。只有广泛地参与到农村生活的方方面面中去,广泛地接触民俗风情,多层面地了解农村的生活和精神领域,才能深刻体会休闲农业旅游的魅力。因此,应尽可能安排丰富多彩的可参与性活动,让游客参与一些简单的力所能及的农事活动。

(五)休闲农业产品的策划开发原则

目前,我国休闲农业产品的开发还有许多问题,很多单纯从资源角度出发,根据自身的理解和想象开发产品,缺乏有力的宏观管理和专业指导,没有把握休闲农业市场的真正需求,产品定位不准确,大部分地区的休闲农业旅游产品呈现出单一性和同质化倾向,无非是垂钓、采摘等活动,大多数休闲农业产品缺乏深度挖掘和开拓,缺乏主题和核心要素,也缺乏具体的标准和质量监控机制。休闲农业旅游产品的开发应该遵循以下几个原则。

1. 市场导向原则

脱离市场需求的产品设计在很大程度上会因为得不到市场认可,而造成资源浪费和财产损失。休闲农业产品在策划开发时在选择和设计上必须以市场需求为先导。休闲农业管理者应当加强市场调查,锁定潜在客户,把握真实的市场需求,正确进行市场细分和市场定位,从而根据市场的需求设计出适销对路的产品。

2. 差异性原则

一个成功的休闲农业项目,其休闲农业产品必须与其他旅游产品、周边其他休闲农业产品之间形成显著的差异,避免干扰特定客户群进行同类产品的简单价格类比;同时,休闲农业旅游产品的开发要根据各自的资源优势因地制宜。

3. 质量控制原则

质量是旅游产品的要素,如果缺乏有效的质量控制机制,可能对休闲农业旅游产品带来毁灭性的打击。由于休闲农业旅游产品的提供者一般都是分散的农户,受资源影响和服务水平的限制,很多地方的休闲农业旅游产品质量有待提高。在进行产品开发时,必须从一开始就讲究产品质量控制,以保证休闲农业的健康发展。

4. 经济性原则

经济性原则包括两个方面:一是对游客而言,能用更低价格买到更多的体验和幸福感;二是对项目建设者及项目所在地农民而言,能用更少的投入,卖出更高的价格。

5. 可持续发展原则

休闲农业旅游产品的开发不能以牺牲当地资源为代价，必须紧扣可持续发展这一主题，重视旅游资源的开发与生态环境的协调发展，防止出现掠夺性开发。重视休闲农业资源的可持续发展，还要把握好资源类型，对当地的旅游资源进行正确评价的基础上设计的产品才能比较符合当地的实际情况，体现当地的资源价值和核心竞争力。

6. 科学营销原则

旅游市场营销是产品推广和销售的重要保障。通过科学的旅游营销管理与协调，可以扩大销售额，提高休闲农业旅游产品的知名度。在进行产品开发设计时，认真考虑和制定产品的营销战略，重视旅游整体形象的宣传促销，进行旅游品牌建设。

（六）休闲农业旅游产品的营销策略

营销是休闲农业旅游产品开发的重要环节，也是目前休闲农业开发中的薄弱环节。为了更好地推广和促销休闲农业旅游产品，经营者和管理者必须进行消费者调查，制定切实可行的市场战略。

1. 打破分散经营状态，进行联合开发促销

休闲农业的分散经营不利于休闲农业旅游产品的发展，也确实很难进行统一的管理和促销。因此，休闲农业经营组织必须联合起来开发旅游产品，联合起来推销旅游产品。这种联合，以互惠互利、共同受益为原则，集中人力、物力、财力，进行统一的营销管理，并且通过各种促销方式加大宣传力度，提高休闲农业的知名度。通过统一的旅游促销和市场战略，可以在主要的目标市场上树立休闲农业整体形象，建立休闲农业品牌。

2. 发挥行业组织的作用

联合开发和促销需要通过政府推动和企业联动，行业协会在这里应该扮演重要角色：①对本地的休闲农业资源进行细致的调研和划分，在此基础上进行产品的初步规划。②对目标市场的消费特性和市场需求进行深入调查和分析，从而根据市场需求，结合资源特性，进行产品设计与规划。③对旅游产品的促销渠道进行开发和沟通。通过旅行社、旅游俱乐部、网站、散客集散中心、主要交通枢纽进行销售渠道的建设，从而有计划、有重点的在主要客源市场建立营销网络。④加强广告促销的力度，扩大产品的市场辐射半径，吸引更多的人前来旅游。通过城市旅游营销网络和销售渠道，通过一些崭新的促销方式来加大宣传力度，塑造整体旅游形象，强化乡村旅游的产品品牌。

▶ 休闲农业

3. 深入开拓市场潜力，开发休闲农业特色产品和服务

目前，我国休闲农业发展还处于初级阶段，以休闲旅游为主，产品单调简单，不能满足市场的多元化需求。经营者和管理者在进行休闲农业旅游产品开发时，应该充分考虑市场的群体需求差异，借助周边地区的客源市场基础，借助风景名胜的吸引力，实现客源和设施共享。注重对休闲旅游产品等主体产品的开发，以各种特色和辅助旅游产品建设，在核心产品的基础上增加产品购物、交通设施和文化产品，建设营销网络服务平台，从而形成层次立体的旅游产品。大城市周边的休闲农业开发应该注重对市场需求和消费者的调查，结合乡村特色资源，开发富有乡村特色的休闲产品，开发传统特色的手工艺品和特色农业产品，举办农业产品的节庆活动，组织各种参与性的活动项目，提高服务质量，增加服务项目，从而树立良好的旅游品牌。

四、景观布局策划

景观学的格局
分析法

景观是休闲农业旅游功能的主要表达形式，也最能反映休闲农业发展的主题。休闲农业的景观设计既要体现现代农业生产的现代气息和魅力，又要尊重自然环境和农业文化。策划要以农业景观和自然景观为主，切忌建设过多的人造景观，偏离休闲农业绿色、自然的发展主体。景观策划主要包括静态景观设计和动态景观设计。静态景观设计包括对地形地貌的处理和应用，静态景观小品或水景的设计、建筑方案设计等。静态景观设计时应尽量减少施工量，注意自然环境的保护和利用，建筑形式要与农场主体风格相符，农业生产性建筑应在满足生产要求条件下力求美观整洁。动态景观设计包括植物栽培、动态水体设计、动物景观设计及游人活动景观等。动态景观体现农场生命力和活力，设计时应尽量考虑项目的娱乐性和游客的参与性，为游客提供个性展示和能力拓展的空间，同时也要考虑到游客活动时的安全性。

休闲农业景观布局策划要完成两个层次上和两个功能上的策划，即宏观层次上，休闲农业作为整个区域旅游的大背景，改善生态环境，维护和美化农业与农村自然景观风貌，吸引招揽游客；在微观层次上，即在合适的地点，具体设计相适应的项目，让游客具体参与一些活动，如自摘园、牛棚挤奶等，建立一系列农业旅游度假基地。

（一）确立旅游规划区的性质和开发方向

在休闲农业开发的条件分析与评估的基础上，确定休闲农业旅游的性质、开发方向，进行总体布局。在整个过程中，应注意农业、旅游、规划等各学科的理论方法，并应用其他学科的方法，如地理学的综合分区法、景观学的格局分析法等。

（二）总体布局，进行合理分区与开发导向

休闲农业分区是以农业旅游、农业休闲功能为主，兼有度假、文化娱乐、体育运动等多种功能的综合性旅游区，是将休闲农业旅游区按不同性质和功能进行空间区划，是根据区域内不同开发条件和不同功能进行分区，各区既有分工，又相互联系。区域内的各分区应以市场为导向，结合本身的具体情况来确立其开发方向，在此基础上确定小区内的项目。

（三）基础设施的配套规划

基础设施主要包括农村电力电讯建设、道路交通建设、防护林带和四旁绿化建设等。另外，还应考虑停车场的规划，以利于休闲农业旅游区接待或社会化服务。这里特别说明一下道路交通和绿化的配套规划与布局。

1. 道路交通

对于休闲农业旅游地来说，道路是骨架，连接着各个功能分区和旅游景点。农业旅游地道路系统的规划和布置，首先要满足科研生产的要求，以规则式为主，并且要有一定的宽度，以保证车辆通行；同时也要照顾到旅游活动的方便和使用的舒适性，以及景观布局的艺术性，增设一些联系各景点和功能区的、适合游人行走的林荫小径，形成以科研生产用的道路为骨架、以游园林荫小径为脉络的道路系统。道路交通规划包括对外交通、内部交通、停车场地和交通附属用地等方面。

对外交通指由其他地区进入休闲农业旅游地的外部交通，通常包括公路、汽车站点的设置等。内部交通是指进入到休闲农业旅游地接待中心及内部的运输、旅游交通。内部交通通道根据其宽度和作用分为：①主干道：连接休闲农业旅游地内主要区域，满足游客到达各个景区入口，是生产运输的主要干道，路面宽度一般为4~7m。②次干道：主要用来联系各个景点，允许有一定的地形起伏，宽度一般为2~5m。③游步路：各景区内游玩、散步的小路，布置比较自由，形式较为多样。一般情况下可考虑曲折变化，穿插在景点之间。内部交通通道在规划时，不仅要考虑它对景观序列的组织作用，还要考虑其生态功能，比如廊道效应。特别是农田群落系统往往比较脆弱，稳定性不强，在规划时应注意其廊道的分割、连接功能。

旅游交通工具的选择要尽可能采用生态交通工具，如畜力交通工具、环保交通工具或者以步代车，避免使用对环境有害和干扰生物栖息的交通工具。

> 休闲农业

2. 绿化

绿化是指通过有意识地种植或栽培某些植物来达到美化环境、净化空气的目的，创意设计的绿化也可以形成一道道独特景观。休闲农业旅游地绿化规划的基本原则是尊重自然、突出特色。绿化植物的选择要适合当地的气候、土壤等条件，以当地树种为主，要考虑绿化色彩的搭配和春夏秋冬四季景观树种的配置，有条件的地区也可以选择农作物作为主要绿化植物，以突出旅游地特色。总体来说，绿化规划要参照风景园林绿化规划进行，原则是点、线、面相结合，乔、灌、草搭配，要求尽量模拟自然，不留"人工味"。

五、管理模式策划

经营管理模式是指在休闲农业的经营活动中，规范各方利益、责任和义务，以及管理指导旅游各方活动的系列法规和条约的集合。从长远角度考虑，一个地区的休闲农业能否健康地可持续发展下去，与休闲农业的经营管理模式具有相当大的关系。由于各地的经济发展水平和农业发展状况不同，休闲农业的经营管理模式也各不相同，因此，选择合适的经营管理方式对休闲农业的可持续发展十分重要。

当前，在休闲农业发展中普遍存在开发水平低，产品形式单一、雷同，设施不完善，管理不规范等一系列问题，阻碍了休闲农业的进一步发展。因此，加快制定休闲农业的服务标准，对休闲农业旅游点进行等级划分，实施标准化管理刻不容缓。

休闲农业的发展，还需要大量的资金投入，虽然休闲农业是以当地的自然资源、农村民俗为基础，但是景点的基础设施和服务设施建设以及市场营销等都需要一定的资金。因此，资金问题也是当前休闲农业发展的重要制约因素，如何根据不同的融资渠道确定合适的投资模式，也是当前休闲农业发展的重要课题。

在当前休闲农业的发展过程中，参与休闲农业发展的主体主要有当地政府、旅游企业、村委会及当地农户等，根据他们参与休闲农业发展的程度和作用可以归纳总结为不同的开发模式。目前，国内休闲农业发展比较成功的经营管理模式主要有：农产 + 农户、公司 + 农户、政府 + 公司 + 旅游协会 + 旅行社、股份制和个体农庄等。

（一）农户 + 农户模式

农户 + 农户是休闲农业初级阶段的经营模式。在休闲农业发展的初期，农民对企业介入休闲农业开发有一定的顾虑，大多数农户不愿把资金或土地交给公司来经营，他们更信任那些示范户，当示范户率先在农村开展休闲农业经营并取得成功后，农户们会在示范户带动下，纷纷加入休闲农业开发的行列，并从示范户那里学习经验和技术，在短暂的磨合后，就形成了农户+农户的休闲农业开发模式。这种模式通常投入较少，接待量有限，但乡村文化保留最真实，游客花费不多，能体验最原生态的本地习俗和文化，因此是最受欢迎的休闲农业旅游形式。但这种模式由于受管理水平和资金投入的影响，旅游经济的带动效应较差，难以形成规模化发展，因此比较适合以农家乐为主的小规模休闲农业，未来休闲农业的进一步发展，还需要政府部门的支持和引导。

（二）公司+农户模式

公司+农户的发展模式是通过旅游公司的介入和带动，吸纳社区农民参与休闲农业的经营与管理模式。它充分利用社区农户闲置的资产和富余的劳动力，通过开发各类丰富的农事活动，向游客展示真实的乡村文化。同时，通过引进旅游公司的管理，对农户的接待服务进行规范，提高服务水平，避免不良竞争损害游客利益，从而促进休闲农业的健康发展。公司+农户的延伸模式是公司+社区+农户模式。这种模式下，公司一般不与农户直接合作，而是通过当地村委会组织农户参与休闲农业，但专业的服务培训及相关规则的制定则由公司来组织，以规范农户的行为，保证接待服务水平，保障公司、农户和游客的利益。如公司负责规划、招商、营销、宣传和培训；村委会成立专门的协调办公室，负责选拔农户、安排接待、定期检查、处理事故等；农户则主要负责维修自家民居，按规定标准接待，做好导游服务，打扫环境卫生等。

（三）政府+公司+旅游协会+旅行社模式

这是当前最常见的休闲农业经营模式，这一模式的主要特点是充分发挥旅游产业链中各环节的优势，通过合理分享利益，避免休闲业开发的过度商业化，保护本土文化的真实性，从而增强当地居民的自豪感，推进农村产业结构的调整，为旅游可持续发展奠定基础。具体的做法是：政府负责休闲农业的规划和基础设施建设，优化发展环境；休闲农业公司负责经营管理和商业运作；农民旅游协会负责组织农民参与地方戏的表演、导游、工艺品的制作、提供住宿餐饮等，并负责维护和修缮各自的传统民居，协调公司与农民的利益；旅行社负责开拓市场，组织客源。在经济相对落后、市场发育不太完善的地区，由政府组织，全盘把握，公司和协会协作，农民广泛参与，更有利于休闲农业的发展，为农村弱势群体提供旅游从业机会，最大限度地利用当地资源，保证农村生态旅游的地方性和真实性。

（四）股份制模式

为了合理地开发旅游资源，保护休闲农业的生态环境，可以根据资源的产权将休闲农业资源界定为国家产权、乡村集体产权、村民小组产权和农户个人产权4种产权主体。在

> 休闲农业

开发休闲农业时，可采取国家、集体和农户个体合作，把旅游资源、特殊技术、劳动量转化成股本，收益按股分红与按劳分红相结合，进行股份合作制经营，通过土地、技术、劳动等形式参与休闲农业的开发。企业通过公积金的积累完成扩大再生产和乡村生态保护与恢复，以及相应旅游设施的建设与维护；通过公益金的形式投入到乡村的公益事业（如导游培训、旅行社经营和休闲农业管理）以及维持社区居民参与机制的运行等；通过股金分红支付股东的股利分配。这样，国家、集体和个人可在休闲农业开发中按照自己的股份获得相应的收益，实现社区参与的深层次转变。通过股份制的休闲农业开发，不仅明确了产权关系，广泛吸收了各方面资金、物力、技术等生产要素，而且把社区居民的责（任）、权（利）、利（益）有机结合起来，形成与企业风险共担、利益均沾的机制，引导居民自觉参与他们赖以生存的生态资源的保护，从而保证休闲农业的良性发展，同时企业也变成真正自主经营、自负盈亏的市场主体。这种模式有利于休闲农业上规模、上档次。

拓展阅读

休闲农业策划的基本思路

休闲农业是根据农业自身发展状况和特色进行的深层次开发，策划的指导思想是：以满足休闲农业的功能为出发点，体现人与自然和谐相处，生态、经济、社会协调发展，突出特色，培育亮点，形成规模，做出品牌，持续发展。具体思路如下：

1. 依托田园和生态景观

乡村田园生态景观是现代城市居民闲暇生活的向往和旅游消费的时尚，也是休闲农业赖以发展的基础。因此，一是在选址上，首先要考虑以周边优美的农村生态景观为衬托，并与所规划的休闲农业项目特色相匹配；二是在策划上，要以农业田园景观和农村文化景观为铺垫，选择园林、花卉、蔬菜、水果等特色作物、高新农业技术和特色农村文化作为基本元素；三是在建设上，既要对农村环境的落后面貌进行必要的改造，又要注意保护农村生态的原真性。

2. 重视休憩和体验设计

休闲农业的客源，在节假日，主要是近距离城市休憩放松的上班族；在上班时间，主要为退休人员及进行业务洽谈和会议的工作人员。策划成功的关键之一是如何处理好"静"和"动"，休憩节点的设计要"静"，"静"就是田园的恬静和农家的安详，就是要为人们提供恬静休闲的空间和场所。"动"主要是娱乐游憩或农事体验，要做到"动"的项目寓于"静"的景观之中。这样既能满足城镇居民渴望回归自然、放松身心的基本需求，又能满足城镇居民科学文化认知的需要，还能延长游憩时间、增加二次消费。

3. 挖掘民俗和农耕文化

要保持休闲农业长期繁荣兴盛，就要在丰富休闲农业的文化内涵上下功夫。深入挖掘农村民俗文化和农耕文化资源，提升休闲农业的文化品位，实现自然生态和人文生态的有机结合。如传统农居、家具，传统作坊、器具，民间演艺、游戏，民间楹联、匾牌，民间歌赋、传说，名人胜地、古迹，农家土菜、饮品，农耕谚语、农具等，都是休闲农业景观规划、项目策划和单体设计中可以开发利用的重要民间文化和农耕文化资源。

4. 突出特色和主题策划

特色是休闲农业产品的核心竞争力，主题是休闲农业产品的核心吸引力。要认真摸清可开发的资源情况，分析周边休闲农业项目特点，巧用不同的农业生产与农村文化资源营造特色。农村资源具有地域性、季节性、景观性、生态性、知识性、文化性、传统性等特点，营造特色时都可加以利用。同时，还要根据项目特色，进行主题策划。

项目小结

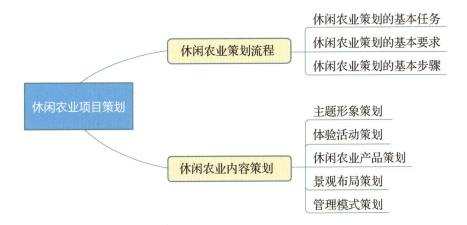

复习思考

1. 你家乡的休闲农业资源有哪些？
2. 结合某休闲农业项目，做一个休闲农业商品的策划。
3. 针对教育农园策划一个亲子体验活动。

休闲农业

技能训练

技能训练四　休闲农业策划

一、技能训练目标

通过对某地区的调研，进行休闲农业的策划，掌握休闲农业策划的基本要求和步骤，能够进行有创意的休闲农业主题形象、体验活动、旅游商品、景观布局、管理模式的策划。

二、技能训练材料与用具

实地、电脑和调查问卷。

三、技能训练步骤

1. 区位分析。

2. 现场踏勘及资料收集。

3. 现状分析与 SWOT 分析。

4. 目标确定和战略定位。

5. 分区策划和单体设置。

6. 营销策划和节事安排。

四、技能训练报告

完成策划书的撰写，参考模板见下，并完成小组 PPT 汇报。

××休闲农业项目策划

一、基础条件

区位分析

自然条件

人文历史

经济条件

旅游业发展

二、SWOT 分析

竞争优势（strength）

竞争劣势（weakness）及解决办法

外部环境的机会（opportunity）

外部环境的威胁（threat）及对应措施

三、策划思路

依托田园和生态景观、重视休憩和体验设计（静、动）、挖掘民俗和农耕文化、突出特色和主题策划。

四、主题定位

五、功能定位

围绕吃、住、行、游、购、娱六要素，结合农业休闲观光方式，确定主体功能（如休闲娱乐型、休闲观赏型、科普教育型、农事体验型、疗养度假型、民俗节庆型、会议餐饮型等）。

六、市场定位

分析确定目标市场和目标客源。

七、发展目标

包括某一发展时期及其分时段的游客量、销售额、利润等目标。

八、空间布局（分区策划和单体设置）

九、主要建设内容策划（突出创意）

（一）主题形象策划

（二）体验活动策划

（三）旅游商品策划

（四）景观布局策划

（五）管理模式策划

十、项目创意

表 4-1　休闲农业策划实训评量表

专业班级：		组别：		姓名：		学号：	

各位同学：

1. 为了体现休闲农业课程中休闲农业策划的实训教学效果，请在老师的安排下按时提交策划书、PPT 及本评量单；
2. 请针对下列评价项目并参酌评量规准，于自评、组评项按照 A、B、C、D 打分，再请老师复评。

符号向度	评量规准				自评	组评	教师复评
	A（80～100分）	B（60～80分）	C（0～60分）	D（0分）			
1. 内容（25%）	紧扣主题、内容完整、重点突出、结构合理	基本做到紧扣主题、内容完整、重点突出、结构合理	主题不明确、内容不完整、重点不突出、结构不合理	无策划书及汇报PPT			
2. 创新性（30%）	项目创意明显	项目有创意	项目无创意	无策划书及汇报PPT			
3. 展示（25%）	汇报者精神饱满、表达清晰、有互动	汇报者基本能做到精神饱满、表达清晰、有互动	汇报者表达一般、无互动	无策划书及汇报PPT			
4. 一致情况（20%）	策划书与PPT内容一致	策划书与PPT内容较一致	策划书与PPT内容不一致	无策划书及汇报PPT			
小计：							
合计：							
分享：							

评价教师：

模块五

休闲农业项目规划设计

🔍 项目导读

　　休闲农业是农业与旅游相结合的交叉产业，是指在充分利用及开发农村现有的设备与空间、农业产品、自然资源和人文资源的基础上，通过赋予旅游内涵为主题的规划、设计与施工，使其发挥农村与农业休闲游的功能，把农业建设与管理、农艺展示、农产品加工及旅游者的广泛参与融为一体，使旅游者充分领略现代新型农业艺术及农村生态环境，从而提升旅游品质，提高农民收入，促进农村发展的一种新型旅游业。休闲农业集生产销售、农产品加工、观光娱乐、休闲度假、科普展示于一体，同时满足游客的"吃、住、行、游、购、娱"六位一体的感受。它不仅拓宽了农业的生产生活空间，为农业经济的发展寻找到一个突破口，还开辟了旅游业新的发展路径。

　　本项目通过分析其理论基础和提出如何进行规划设计两个任务学习，项目研究内容对于发展农村经济、拓宽农民创收渠道、拉动消费水平、促进新农村建设、优化农村经济社会结构、统筹城乡区域发展、加强文化传承、保护农村生态环境等方面都具有十分重要的意义。

▶ 休闲农业

单元一　休闲农业规划开发的理论基础

【知识目标】
1. 能说出休闲农业规划开发的核心理论。
2. 能阐述休闲农业规划开发的支撑理论。

【技能目标】
1. 能够始终坚持可持续发展的观念。
2. 能够根据游客消费心理规划布局具体休闲农业项目。

【素质目标】
1. 培养学生理论联系实际的能力。
2. 培养学生敬业、专注、精益求精的工匠精神和创新能力。

一、休闲农业规划设计的核心理论

可持续发展是休闲农业的指导思想，也是开发的终极目标。休闲农业的开发不能急功近利，更不能以忽视环境为代价而单纯追求经济效益。所以可持续发展理论是休闲农业的核心理论。

可持续发展理念是指既满足当代人的需求，又不损害后代人满足其需求的理念。休闲农业的资源基础是农业资源、农村环境及农村文化。它的主要部分具有可再生性，从这一点上来说休闲农业可持续发展的基础条件较好，只要开发得当，使生产、生活、生态有机地结合起来，做到可持续发展是可能的。但有些投资者在进行开发建设时，片面追求经济效益而忽视生态环境的保护，没有采取一定的措施进行生态环境、文化资源的合理开发，导致开发的过程就是破坏开始的延续。所以在进行开发建设时要达到经济效益，同时也要保护好我们生存发展的水体、大气、土壤、森林等自然资源。

休闲农业把生产发展、建设自然环境和开展旅游活动结合起来，体现了人与自然融合的生态美。在进行休闲农业规划设计时，要立足现状，着眼未来，合理安排，分步实施。一方面要考虑自然生态的可持续性，尊重自然，顺应自然，严格保护休闲农业发展赖以生存的生态环境资源，防止环境的污染和破坏，保持资源的永续利用，确保园区内农业经济效益、生态效益和社会效益的集中统一；另一方面，在进行休闲农业项目设计时，要形成自我发展、自我提高的良性机制，使休闲农业的开发建设朝着持续健康的方向发展。

二、休闲农业规划设计的支撑理论

（一）景观生态学理论

景观生态学理论研究的重点是人类活动对景观的生态影响和生态系统的时空关系。对景观生态学而言，任何形式的农业活动，包括休闲农业都必然落实到具体的地域空间内，以地域空间为基底进行各类农业景观的蓝图设计，以斑块—廊道—基质模式构成景观空间的结构。这种空间特征，是应用景观生态学原理、方法，进行休闲农业规划设计实践的基本前提。为了在生态环境可持续发展的基础上创造经济效益从而达到生产发展的目的，休闲农业在进行景观设计时，要根据景观生态学的原理和方法，合理规划布局景观结构，促进景观的生态恢复。

（二）园林美学理论

休闲农业园在进行开发建设时，要运用园林美学原理规划布局各个功能分区。农业景观因其自身的特殊性确实吸引了很多游客的到来，但随着时间的推移和人类活动的频繁，农业景观要适应不断变化的人类审美，就必须将园林美学的理论加以运用。如适当运用主景与配景手法、景的层次与景深手法、借景手法（借形、借声、借色、借香）、对景和分景手法、前景的处理手法等运用到休闲农业的开发建设过程环节中，创造园林般的休闲农业体验园。

（三）消费心理学理论

休闲农业园的开发建设要想做到吸引游客入园进行消费，就需要对消费者的心理进行分析。需要分析消费者从获得消费信息、形成消费态度、产生消费需要、做出购买决策、享受消费价值、得到消费体验这一过程环节，并对消费者的相关信息进行调研（可通过扫二维码发放问卷的方式），将影响消费的问题设置成问卷进行发放，最终根据统计出的结

> 休闲农业

果设置旅游项目，保证可供选择的项目满足游客需求，最终完成消费，获取收益。只有对市场信息进行深入调研，才能更好地了解和把握消费者的心理，进而对消费行为进行准确预测，合理配置资源，保证产品供给，实现互利共赢。

（四）旅游心理学理论

人们做出的不同行为主要源于不同心理需求，进行旅游活动也主要来源于旅游动机，正是这种动机推动了旅游行为的发生。在进行休闲农业园项目规划设计时，只有清楚地了解游客的心理需求（精神、经济、身体等），才能设计出让游客满意的旅游项目，才能留住游客，增加回头客。相反，如果规划设计过程忽略游客的旅游动机和心理需求，单凭个人灵感、个人体验做设计，不做分析调查，预期的效果可能会不尽如人意，最终即使建成也会影响休闲农业园的整体效益。

单元二 休闲农业规划设计

【知识目标】
1. 能阐述休闲农业规划设计的理念。
2. 能说出休闲农业规划的任务与范畴。
3. 能阐述休闲农业规划的原则。

【技能目标】
1. 能够根据休闲农业的内容确定其主题定位。
2. 能够进行休闲农业的分区规划。
3. 能够独立完成休闲农业规划的内容设计。

【素质目标】
1. 能够在实践中提高学生敬业、专注、细致的职业岗位素养。
2. 培养学生分析问题的能力、自主学习和创新能力。

一、休闲农业规划设计的理念

（一）开发与保护并举

休闲农业的发展与农村特有的农村空间、农业自然环境资源和农村人文资源有强烈的依附关系，必须以农业为依托、以农村为空间、以农民为主体，服务"三农"，园区的建设要与自然和谐共生共存，要遵循自然生态规律，在保护、开发、培育资源与环境的过程中实现提高农业的开发利用，以此确保园区景观的生态性、完整性和原真性。

莫干山民宿

（二）因地制宜，挖掘本地特色

特色是旅游的灵魂，特色化是休闲农业旅游发展的基本方向。纵观全国的休闲农业，凡是品牌响亮的、经济效益好的、吸引力大的地方，都独具特色。我国地域广阔，农村情况千差万别，发展休闲农业要因地制宜，挖掘地域文化特色，才能实现可持续发展，保持"人无我有、人有我优、人优我特、人特我精"的垄断地位。特色是休闲农业发展的生命所在，也是提升市场竞争力和发展潜力的一个重要指标。休闲农业发展至今，各地充分利用当地的自然生态环境、农林牧渔生产、民风民俗、节庆活动、饮食文化、农家生活、农业景观等各种资源，挖掘当地的文化内涵，开发出一系列内容丰富、品牌形象鲜明、富有地域特色的旅游产品，深受游客欢迎，取得了农业旅游发展的良好成效。在未来开发过程中，一定要明确资源优势，注重把当地地域文化特色融入旅游发展思路中去，让地域文化为自然景观增添色彩、赋予生命。

（三）以农为本，"农游"结合

休闲农业是农业与旅游相结合的交叉产业，休闲农业通过农业自然环境、田园景观、农业经营、农耕文化、农家生活等资源，为游客提供观光、休闲、度假、体验、娱乐、健身等多项需求，为旅游业的发展开拓了新的领域，丰富了旅游内涵。同时，休闲农业也通过发展农业旅游观光走向市场，并建立自己的市场定位，从而提升品牌形象，提高农民收入。休闲农业要通过两者之间的相互带动，发展"农游合一"的新型产业。规划设计要注重对自然生态环境原真性、完整性的保护，做到经济、环境、社会效益的全面统一。

（四）推行社区参与经营

社区居民是休闲农业旅游区的重要利益相关者，其对休闲农业开发影响感知好坏直接关系到城郊旅游是否能健康和可持续发展，其经济社会生活水平的提高直接关系到我国新农村建设的政策目标能否顺利实现。倡导基于社区参与的休闲农业发展模式，可以调动广大农民参与休闲农业的积极性，有助于促进农村地区经济的发展与居民生活水平的提高，还有助于提高农村地区"三生环境"（生活、生产和生态环境）的质量，提高当地农民的民主意识和法治意识。社区参与经营既是休闲农业可持续发展战略、建设社会主义新农村的需要，也是保证休闲农业健康发展的必由之路。我国农村基础差、底子薄，现在要接待急剧增长的旅游者，如果没有多方参与和支持，休闲农业不仅难以顺利发展，还会造成市场混乱的局面。因此，社区参与经营是一个比较完善的推动、保障休闲农业发展的机制。社区的整体发展能够将当地的文化、景观、生态环境等资源进行整合，以点到面，形成整体的规划设计方案，使园区与当地社区关联，具备足够的发展潜力和提升旅游市场竞争力。

（五）建立多样化发展理念

休闲农业的规划设计要突出多样化的发展理念，要在功能、空间格局、产业规模、产业类型、产业布局、经济效益、生态效益、社会效益上有别于传统农业，要求在旅游开发、线路规划、游览方式、时序、消费水平的确定上必须有多种方案可供选择，园区种植品种的选择和资源配置上要突出丰富性、多样化的特点。

（六）坚持整体规划，分阶段发展

休闲农业园区规划设计是一个长期发展的过程，需要根据整体规划设计方案，分阶段分步实施，最终完成休闲农业园区建设目标。根据园区规划建设的整体设计理念、主题，确定性质、功能、规模、宏观设计形式表达、建设周期、程序、预算等内容，分阶段完成各主要景区、景点的有效衔接，统一布局，分段建设，有计划地分期实施，逐步开发建设，为今后的发展留有余地。

二、休闲农业规划设计的任务与范畴

（一）休闲农业规划的任务

休闲农业是在农村地域范围内，通过整合农村自然资源、经济资源、农产品资源、旅游资源等（详见表5-1），对其进行科学规划和开发设计，为游客提供休闲观光、体验、度假、娱乐等活动。其基本任务是：在进行休闲农业规划设计前，通过对基地调查分析，尤其分析基地的SWOT情况，提出休闲农业的目标定位、功能定位、市场定位、形象定位和主题定位，建立核心吸引力和竞争力，通过品牌的创建形成独特的农业产品形态和营销行动计划，为后续的分期建设和内容设计奠定基础。休闲农业规划的任务如图5-1所示。

表5-1　休闲农业资源类别

资源类别	具体内容
自然资源	气候、水（河流、湖泊、水库等）、土壤（地质地貌）、生物群落（动植物等）
经济资源	人口、劳动力资源，农业基础设施（科教文卫等），农业物质技术（农机具、水利设施）
农产品资源	各种农产品、林产品、牧产品、副产品、渔产品资源
旅游资源	地文景观、水域风光、生物景观、遗址遗迹、建筑与设施、旅游商品、人文活动

▶ 休闲农业

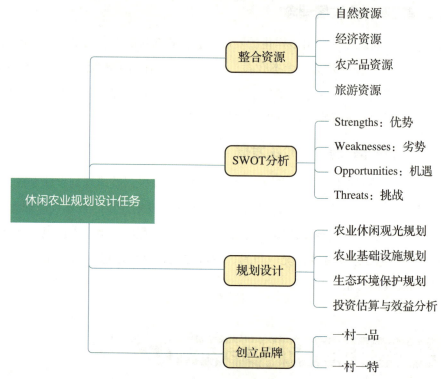

图 5-1　休闲农业规划设计任务过程

（二）休闲农业规划的范畴

休闲农业规划是针对城市附近农业区域中的特定地区，以农业活动为基底，以生态旅游为目的进行规划的活动，该规划是经营管理、项目审批和投资的依据。在进行休闲农业规划时，需要根据其上位规划，即国土空间规划的要求进行，才能实现休闲农业的有序发展。

三、休闲农业规划设计的原则

休闲农业在我国已处于全面推广阶段，在规划布局中，一方面要遵循这些在实践中积累并已上升为理论的规范、准则；另一方面又要善于开拓创新，不断总结提高，促进休闲农业向市场化、产业化方向发展，实现以旅助农、以农兴旅、农旅结合、城乡互动，为社会主义新农村建设做出应有贡献。

（一）坚持"可持续发展"原则

休闲农业规划设计要以生态优先、可持续发展为第一指导原则。在具体的开发建设中，必须注重妥善处理开发所带来的一系列环境破坏和污染问题，发展生态文化，构建生态产业体系。要强调生态环保和文化遗产保护，促进乡村生态环境保护，促进乡村文物古迹、非物质文化遗产保护、民族文化的挖掘和有效传承。坚决避免因急功近利、盲目发展造成的资源浪费和环境污染。充分发挥农业、农村和农民的生态与文化优势，吸引游客前来观光休闲以及娱乐体验，走资源节约型、环境友好型的可持续发展道路，实现经济、社会、生态效益的可持续发展。

（二）坚持科学选址原则

区位条件的优劣对今后休闲农业能否发展起来至关重要，在进行休闲农业规划设计时，其选址应靠近城市、著名风景名胜区或者道路交通通达区域。为充分合理地利用村域自然环境条件，最大化保留原生态环境，休闲农业选址应选择丘陵多、平地少的地段，营造高低起伏的景观空间；还要远离工业污染区域布局，保证生态环境不受威胁；靠近水源，以保证休闲农业的用水问题，还可以使休闲农庄因自然水源而具有更好的生态环境，使农庄充满灵气；选择土壤条件较好的地段，为景观的营造提供物质基础。

（三）坚持"统筹城乡、以点带面"原则

休闲农业规划设计应深入贯彻落实科学发展观，统筹城乡发展，打破城乡分割的局面，统筹乡村与城市居民休闲需求的对接，统筹城乡基础设施和公共服务，实现城乡互动，带动城乡间人员和财富转移的速度和规模，加快城乡一体化发展进程，加速缩小城乡发展差距。坚持统筹考虑，分步实施，以点带面，以线穿面，整体协同，互动共进。鼓励乡村农民到城市旅游观光，引导城市居民到乡村休闲度假。形成城乡之间互为客源、互为市场、互动发展的美好局面，建设城市周边休闲度假旅游带，推进休闲农业建设的发展。

（四）坚持乡土性原则

休闲农业是"吃、住、行、游、购、娱"六大要素的集合，只有把乡土性和原生态贯穿于旅游活动的始终，才能使休闲农业明显区别于其他类型旅游活动，才能在旅游市场中占有一席之地。所以休闲农业规划设计应充分考虑农业生产具有的地域性和季节性特点，因地制宜，尊重地域特色。在进行规划设计时，要深入挖掘具有当地特色的自然资源和人文资源，明确资源优势，选准突破口，发挥资源特色优势，将地域文化元素进行深入提炼运用到实际的规划设计中，避免出现千篇一律的景观效果。休闲农业的建设还要与新农村建设的整体风貌协调一致，规划过程要注重体现当地民俗特色，可以通过对村落历史文化、技术文化，以及地域农业文化的展现来提升休闲农业的内涵，使休闲农业建设永葆青

春活力，用有"土味"的农产品作为旅游商品，可以让游客延续在休闲农业旅游的快乐和回忆中。

（五）坚持"政府引导、社会参与"的原则

我国休闲农业还处于起步阶段，基础设施较为薄弱，没有形成比较成熟健全的体系，必须充分调动发挥各级党委、政府发展休闲农业的积极性和主动性，在政策扶持、公共设施建设、规范管理、资金保障、宣传教育等方面加大支持和引导力度。

（六）坚持市场导向原则

休闲农业的规划设计要准确把握市场需求变化，以市场导向配置资源，根据市场需求规划开发适销对路产品，占领和扩大自己的市场领域。做到"近郊依城，远郊靠景，城乡互动"，引导休闲农业向优势地区集中，提高竞争力。目前，大多数地区休闲农业旅游产品开发较为单一，必然会导致旅游者在农庄的消费单一。因此，休闲农业规划应努力做到吃、住、行、游、购、娱六位一体的休闲产品开发兼顾。

（七）坚持科学规划，统一布局原则

休闲农业的特点是投资小、见效快，产业联动性强，因此在进行休闲农业规划过程中，不能盲目效仿，要依据地域特色进行区域分析，提出适合本地休闲农业发展的口号，科学规划，统一布局，以完成这个复杂系统工程的整体规划和分步实施建设。在具体规划设计时，要根据当地的自然、经济和社会发展条件，考虑市场需求状况，因地制宜开展休闲农业开发规划，建设具有符合当地特色的旅游胜地。

（八）坚持综合效益原则

休闲农业是利用农村空间、农业生产场地、农业产品、自然生态、农业自然环境和农村人文资源等，经过规划设计以发挥农村与农业休闲游功能，提升旅游品质，提高农民收入，促进农村发展的一种新型产业，其实质是一种农游结合，从第一产业向第三产业延伸的高效型市场农业。休闲农业的开发首先必须遵循经济效益原则，通过投资收益分析，对那些规模大、价值高、基础好、建设周期短、投资回报快的休闲农业项目优先规划开发，获取较快的经济效益；其次，讲求社会效益，即最大限度的为广大城市居民提供接触自然、体验农业观光、休闲和度假的机会和场所，加深其文化内涵与教育功能，以提高农民素质和增加就业创业机会；再次，要特别重视生态效益，通过发展观光休闲农业，在城郊营造优美宜人的绿色景观，改善自然环境、维护生态平衡，建设城市绿化带屏障，防止城市污染扩散，以保持清新、宁静的城郊生态环境，最终通过发展休闲农业获得综合效益的提高。

（九）坚持整体开发原则

休闲农业的开发涉及的学科领域很广，如生态学、园林美学、社会学、历史学、城市规划学、消费心理学等，其规划建设是一个长期的过程，需要按照整体布局方案，整体规划，分步实施，提出休闲农业发展的战略目标、规模、速度和投资等。要有计划地按照整体规划方案进行空间拓展，完成规划分期的既定目标，统一规划，统筹安排，分阶段发展。在进行开发建设时要遵循以下几点：

（1）在外部，它要纳入区域休闲农业发展布局的系统工程中去，必须服从区域高层次或主系统发展战略。在区域间突出自己的特色，各地要根据自然环境、地域文化、依托的资源、针对的市场等不同，打造具有浓郁地域特色的休闲农业产品。

（2）在内部，它既要顾及各大功能区的整体协调，又要考虑产品营销全过程的协调。休闲农业是以农业观光、农业休闲功能为主，兼有教育、度假娱乐、体育活动等多种功能的综合性休闲区，其功能区一般又包括观赏区、示范区、休闲体验区、产品区，其规划布局需全面协调、整体发展。市场调研和预测、优势分析、产品设计和开发、基础设施和上层设施及其相关农业生产设施生态环境的建设，以及市场开拓、产品的经营和管理等旅游营销全过程，可以说环环相扣，关联性极强，也需要通盘考虑，整体优化。

（3）休闲农业园区的周边大多是农村，园区与农村是一个不可分割的整体，园区规划布局也应与农村建设规划相结合。只有建立在农村居民点和道路规划、土地开发整体规划、生态环境建设规划基础上的观光休闲农业园区规划，才会达到协调和谐而富有生命活力的效果。

（十）坚持创新性原则

创新有三层含义，即更新、创造新的东西和改变。创新是指以新颖独创的方法解决问题的过程，以超常规甚至反常规的方法、视角去思考问题，提出与众不同的解决方案，从而产生新颖的、独到的、有社会意义的成果。创新符合人们选择、购买、消费的心理需求，越是有创新性的休闲农业项目，就越容易引起广大城市消费者的关注和青睐。因此在休闲农业发展过程中，对于休闲农业建设都需要有创新精神，提出不一样的想法，打破常规，吸引游客的眼球。

四、休闲农业主题定位

主题定位对休闲农业的发展至关重要，在休闲农业未来发展中起着引导性作用。一个休闲农业园的主题来源于前期对地域环境的调查分析，包括市场分析、竞争者分析、消费

▶ 休闲农业

者行为分析、园区条件分析。此外，还应进行可行性评估，包括数据分析、投资分析、营运分析、环评分析、政策分析等。在对现状进行 SWOT 分析后，用发展的理念贯穿规划设计全过程，最终提出休闲农业发展的主题口号。如某休闲农庄历史文化底蕴丰富，古树、古井等物质遗存丰富，街巷空间肌理和历史建筑保存完好，该休闲农庄本该定位为发展历史文化旅游型，却被定位为特色产业型，就会影响休闲农业项目未来的发展方向。休闲农业主题定位不清晰或存在偏差都会影响未来的发展，改变其命运，直接影响村庄是否能够脱贫，农民是否能够致富，所以，一个成功的休闲农业规划设计方案，取决于能否针对当地资源合理运用，从而给出一个有效的主题定位。主题定位准确，农庄更能在未来取胜。

（一）休闲农业主题的定位原则

1. 文化原则

我国地域辽阔，乡土文化博大精深。在进行休闲农业规划设计时，应该对具有浓郁乡土气息的历史文化（如历史建筑、传统街巷、空间肌理、遗址遗迹等）、民族文化（如服饰文化、饮食文化、民风民俗、节庆文化、手工艺品、图腾崇拜等）进行深层次挖掘，通过文化元素的提取创造出内涵丰富、独具特色的文化体验形式，打动游客的内心，丰富游客的精神感受。同时，一个有文化特色的休闲农业园不仅是一张外界了解当地的名片，更是一个宣传家乡、推广地域文化的载体。深入挖掘当地文化特色，有利于加强不同区域之间的文化交流，保护、传承和发展地域文化，留住乡愁。

2. 新、特、奇原则

一个成功的休闲农业园要想吸引游客眼球，需要做到创新、有特色和奇妙。首先，创新体现为"人无我有、人有我优、人优我特、人特我精"的垄断地位。我国目前大多数休闲农业园主题较为单一，多为"吃农家饭、住农家屋、做农家活、看农家景"，在这种情况下，主题的创新尤为重要，也是未来占领市场的手段。其次，休闲农业园主题中"乡土味""农味"特色也是吸引消费者的主体元素。特色化建设，首先要区别于城市，还要区别于他人，最后要区别于传统业态，努力开发新产品。特色是优势，特色是市场，特色是品牌，只有坚持特色化发展，才能避免出现同质化、低水平的重复建设和恶性竞争。最后就是主题取名要奇妙，要给人耳目一新的感觉，要让别人第一印象就很深刻，就需要在语言的押韵和一语双关上多下功夫。如贵阳市贵定县的"金海雪山，四季花谷"，该主题就会让人产生联想，大自然的海一般是蓝色的，山是绿色的，而这里的海和山为什么呈现另类的颜色呢？游客为了探索其中奥秘所在，揭开这个主题神秘的面纱，就会通过上网查询或到景区观光，这个主题所带来的效益就是网络点击率高和游客的慕名而来，所以通过奇妙的主题吸引游客前往，成功就已经在路上了。

3. 主题鲜明，重点突出原则

主题是内容的高度概括，要想在 30 秒内通过主题吸引游客眼球，让他们看到主题就能理解休闲农业项目的具体信息内容是什么，主题就必须鲜明，不能与内容毫无关联。依据资源优势，休闲农业主题定位可以分为两个层次：一是确定具体的主题物，如以奇松、怪石、云海、温泉、音乐等为主题物，所有的规划设计必须围绕主题物进行展开；二是确定主题的形式，如以娱乐休闲、度假、亲子教育、健身、康体疗养、祭祀祈福、红色文化等为主题形式，就必须依据主题进行产品设计，只有主题鲜明、重点突出，休闲农业发展才能拥有较强的市场竞争力和垄断性。如"爽爽贵阳、七彩云南"，这些都是比较鲜明的主题，通过主题就能了解内容的关联性。

（二）休闲农业主题的定位方法

休闲农业主题是在休闲农业建设和游览者游览活动过程中被不断展示和体现出来的一种理念和价值观念。主题的内涵包括发展目标、发展功能和形象定位 3 个方面。发展目标就是未来发展的总方向，它从根本上影响着休闲农业园的功能定位和形象树立。要想成功的在市场上开展营销活动，休闲农业园必须与竞争者相区别，抑或是在游客心目中主题定位明确，即创造和管理一个独特鲜明和具有号召力的休闲农业园形象。只有明确了主题才能充实关联内容，鲜明的主题是休闲农业成功开发和可持续发展的关键。主题的确定来源于前期资源的调查分析，确定主题后，休闲农业园就有了自己独特的形象，就能吸引目标人群，进而在市场上形成竞争力。

1. 依照当地产业发展确定主题

（1）种植主题。可以通过种植的主要农作物，具体包括粮食作物（如水稻、玉米、小麦、大豆等）和经济作物（如花生、油菜、向日葵、核桃等）的种植，向游客展示农业生产活动的整个流程和成果，开发丰富多彩的休闲娱乐活动和农事体验活动。

（2）养殖主题。通过家畜养殖、家禽养殖、水产养殖和特种养殖，打造以养殖为主题的休闲农业。

（3）加工主题。包括农产品的加工和工艺品的制作。可以借助特色民俗、特产和工艺品等开发休闲项目，让游客感受制作的精湛技艺，还可以自己动手制作，参与加工的过程环节。如糖画的制作，参与者不仅能参与其中，还能通过自己的 DIY 享受制作的全过程，并从中了解糖画的历史，让这种古老的工艺品得以传承和创新发展。

2. 依照体验活动确定主题

（1）休闲观光主题。利用田园景观、自然生态环境和人文资源，结合农林牧副渔生产、农业经营活动、农村文化、农耕生活、地域民俗等，吸引游客前来观赏，为都市人群提供休闲旅游、农业观光的体验活动。

（2）作物采摘主题。依照采摘园中种植的植物种类，如观光果园、观光花园、观光茶园、观光菜园等，提供给游客亲自采摘尝鲜，感受收获的喜悦。如秋天葡萄的采摘、冬春草莓的采摘都能让游客流连忘返。

（3）度假娱乐主题。依靠自然优美的宜人景色，舒适宜人的气候环境，生态环保的绿色空间，修建一些娱乐设施，如树屋、真人CS场地、彩虹滑道、半山卡丁车基地、山林滑道等，提供游客度假、娱乐、健身、餐饮等服务。

（4）康体疗养主题。目前，健康与环保已成为社会第一主题。可以利用天然的水质，优良的生态环境，清新的空气，原生态的环境打造康体疗养主题，建立特色疗养区、民宿生活馆、产权式客栈、特殊康复区等服务项目，包括香薰、足浴、药膳、温泉等主题，通过原生态环境营造绝佳的冥想空间。

（5）科普教育主题。利用农业生产活动、科技示范园、农业博览园、农业文化等资源，设计体验活动，参与农事实践、学习农业生产知识以达到教育的目的。一般以儿童、青少年学生和对农业、自然科学知识感兴趣的游客为服务对象。如厦门市猪小惠生态农场就是厦门市亲子教育的示范活动基地，以此建立的猪小惠生态学校吸引了厦门市很多青少年学生的到来。

3. 依照文化特色确定主题

（1）历史文化主题。依靠村落传统民居建筑、历史环境要素（包括庭院园林、沟渠、石阶、围墙、古水井、生产生活设施和古树名木）等，发展历史文化为主题的休闲农业，以反映古往今来传统的生产生活和劳作方式、民间艺术和优秀技艺。主题定位主要有古民居主题、历史聚落主题、美丽乡村主题等，如贵州省铜仁市江口县云舍村、安徽省歙县许村、安徽省黟县西递村。

安徽歙县许村

（2）民族文化主题。我国民族众多，不同民族之间有着明显的差异，但又相互学习借鉴，这些求同存异的文化元素正是我们发展休闲农业旅游重要的设计灵感来源。以民族文化特色（包括建筑文化、节庆文化、饮食文化、图腾崇拜、服饰文化）为主题发展休闲农业，能够传承和发展民族文化。如贵州省黔东南苗族侗族自治州雷山县郎德上寨、西藏自治区林芝县扎西岗村都属于这一主题。

 典型案例

铜仁市江口县云舍村

贵州省铜仁市江口县云舍村，坐落在锦江之源太平河流域中段的河坎谷地，距江口县城 4 千米，梵净山山门 17 千米。村落总面积 4 平方千米，全村大多数村民都是杨氏后裔，有着独特的民族风情和悠久的土家民族文化，被誉为"中国土家第一村"。村落内保存完整的街巷空间、土家建筑四合院、造纸技艺、傩戏文化、浓郁的土家民族风情等吸引来往的游客。作为贵州省乡村旅游示范点、全国农业旅游示范点、旅游文化示范地、贵州省历史文化名村、中国第一批传统村落、中国历史文化名村的云舍，因其悠久的历史文化遗产和禀赋的自然景观成为江口县乡村旅游开发较早的村寨，古村落历史肌理结构组织相对有序且现状保存完整，是典型的民俗文化古村落（见图 5-2）。

图 5-2　铜仁市江口县云舍村土家拦门礼

铜仁市万山九丰农业博览园

铜仁市万山九丰农业博览园是国家 AAAA 级旅游景区，贵州省重点招商引资项目，铜仁市重点发展的农旅文一体化景区。该景区位于贵州省铜仁市万山区高楼坪乡，总投资 5 亿元，核心区域占地面积 133.4 万平方米，辐射区域达 3335 万平方米，现已建成集果蔬观光、花卉观赏、海洋科普、休闲住宿、生态餐饮于一体的大型农业博览园。

景区于 2015 年 5 月份开园营业，现已建成国内最大的智能观光温室大棚、海洋科普馆、花卉科普馆、采摘温室、生态休闲别墅群、生态度假酒店等一系列农业观光和科普配套设施。园区瞄准农业转型和农旅文一体化方向，目标是将景区打造成为国内一流山地特色生态农业景区和国内知名的星级农业博览园。

铜仁市九丰农业博览园核心区拥有蔬菜生产大棚、智能观光室、花卉大世界、水

> 休闲农业

族馆、候鸟小别墅、食品谷、梅花鹿养殖区等设施，将与上游休闲怀旧的朱砂古镇、下游梦幻夜郎谷形成一条旅游产业链（见图5-3）。

图5-3 万山九丰农业博览园

五、休闲农业规划设计的内容

（一）规划立地条件分析

休闲农业开发的方向、开发规模和效益，在很大程度上取决于该地的条件，在规划设计时进行立地条件分析是休闲农业园区规划的首要任务和基础性工作，选址的好坏直接影响休闲农业园区未来的发展是否能够取得成功。很多开发商在搞投资建设时不知道在选择区位的时候怎么入手，也不清楚开发地的选择需要具备哪些条件，从而因为选址的问题影响后期的发展建设。一般来说，休闲农业规划立地条件主要包括以下几个方面。

1. 区位条件

区位条件包括资源开发地的地理位置、依托城市和相关旅游区之间的相互联系程度，交通的通达性，所处区域内的景观、环境、经济发展状况等，即通常所说的地理区位、交通区位和经济区位。休闲农业区位选择一般要求在距离城市或景区较近，同时资源丰富和交通便利的地区。如靠近城市建成区、国道省道旁、高速公路沿线、机场，往往发展较快。

2. 农业条件

从休闲农业的概念来看，开发地的农业基础对其开发有重大影响。休闲农业不仅是农业发展的一个新领域，而且是休闲产业发展的一种新业态，以"农"为基础，又超越于

"农"。一般而言，农产品的种类越丰富，可供开发的资源就越多，其项目也就越多。此外，农副产品的种类、数量和保障程度对休闲农业开发也有较大影响。农业条件好的休闲农业在市场经济发展中具备较强的竞争力。

3. 自然条件

休闲农业因其特有的农业资源受自然条件影响，故具有强烈的季节性和地域性。综合自然条件在一定程度上决定了资源开发的类型和方向。自然条件主要包括地形地貌、植被条件、气候条件、水文条件、土壤条件、环境质量状况等。休闲农业的选址必须建立在优越的自然条件之上，如地形高低起伏有变化、气候温暖湿润、地下水资源丰富、植被资源丰富、土壤肥沃、空气质量好的地段。

4. 社会经济条件

社会经济条件主要指休闲农业园所在区域内的农村社会和经济发展水平，包括人口数量、人均收入及来源、村庄居住条件、旅游发展条件、农村电力、给排水、通信等基础设施建设情况等。社会经济条件对休闲农业的开发影响深远，开发前必须对该区域的社会经济状况进行详细分析，因地制宜地规划休闲农业开发项目。

（二）客源市场分析

休闲农业成功的关键在于是否能够吸引游客的到来，所以针对市场情况分析客源变得尤为重要。游客离开都市来到乡村，在心理和行为上具有不同寻常的表现和特征，可以通过分析客源的情况，如旅行方式、旅游季节、出游目的、旅游消费、客源分布、社会经济水平、游客的旅游偏好、游客需求等来确定客源市场。可以根据游客的情况将客源市场分为以下3个级别。

1. 核心市场

目前，客源市场中省内游客占绝大部分比例，在未来休闲农业旅游的发展中，省内游客也仍将是核心市场。

2. 重点市场

国内经济发展程度较高的长三角（上海市、浙江省、江苏省）、广东省和京津地区的游客，以及沪昆高铁沿线的城市，将作为客源的重点市场。

3. 机会市场

国内除核心市场、重点市场以外的省份和国际游客，均可以作为休闲农业旅游的机会市场。这类市场未来在休闲农业旅游市场中占比相对较小，但是随着进一步的市场深耕，有成长为重点市场的机会。

按照不同的划分标准，可以将休闲农业旅游客源市场划分为不同的细分市场，具体的划分标准、细分市场、游客需求及对应产品详见表5-2。

表5-2 休闲农业旅游客源市场细分表

划分标准	细分市场	游客需求	对应产品
游客需求	旅游观光游客	回归自然、陶冶性情、欣赏大自然之美、陶冶个人情操	自然资源景观
	休闲度假游客	放松身心，享受生活等	作物采摘、开心农庄、康体疗养、乡村茅店
	户外探险游客	张扬个性、崇尚自由、体验	漂流、山地越野、徒步、山地自行车、户外拓展
	民俗文化游客	体验少数饮食文化、服饰文化、居住文化、婚俗、信仰、节庆文化等	历史古迹游览、自然风光游、品特色美食、住当地民居
	科普考察游客	通过产品延伸，发展动物科普、植物科普等系列针对青少年儿童的科普旅游产品	自然资源保护区、遗址遗迹、动植物科普等
年龄群体	老年群体	关注身体健康，对文化类产品有浓厚兴趣	休闲度假类、民俗文化类产品
	中年群体	追求较高品质的旅行，对价格不敏感，关注家庭成员的感受	徒步、康体养生、采摘、森林氧吧
	青年群体	摆脱日常繁重的工作压力，在旅游中寻求身心的放松	休闲度假类产品、户外运动类产品、大众观光类产品
交通方式	自驾车市场	便利性、个性化、自由化	由于自驾车旅游的便利性，因此道路条件好、停车方便的产品都会被选择
	高铁游客市场	近距离、高频次	大众观光类产品、休闲度假类产品、户外运动类产品

（三）功能分区规划

休闲农业园的功能分区没有绝对固定的模式，需要根据园区的发展目标、主题定位、模式、规划面积、地形地貌及投资规模、分期建设等情况进行划分。还要依照休闲农业园综合发展需要，结合地域特点，因地制宜设置不同的功能分区，将园区用地按照不同性质和功能进行空间区划。

总结各地休闲农业园规划分区，大体可以分为入口景观区、接待服务区、生产区、休闲度假区、种植采摘区、科普展示区、引种驯化区、设施栽培区、生态观光区、精品展示区等。目前，大多数休闲农业园区主要包括入口景观区、接待服务区、科普展示区、生产区和休闲度假区等，然而面积较大、经营体系完善的休闲农业园分区更全面。

1. 入口景观区

入口景观区是游客进入休闲农业园第一眼看到的景观，也是进入园区必经的第一个区域，该区域是休闲农业园的一面镜子，其景观设计的好坏直接影响游客入园的第一印象。此区域景观的设计必须凸显园区主题形象，让游客通过景观就能理解休闲农业的规划理念。大型休闲农业园一般规划建设 2~3 个入口，主入口包括大门、生态停车场、导游牌、主题雕塑、假山水池等。

2. 接待服务区

接待服务区提供给游客购票、住宿、餐饮、购物、娱乐、停车、办公等接待服务项目，进入园区首先到达该区域，游客在此短暂停留办好相关手续后即可入园。该区域规划有游客服务中心、停车场、公厕、旅游商品销售等。

3. 生产区

生产区通常选择气候条件好、交通便利、水资源丰富、土壤肥沃的地块，这样才能有利于作物的生长和运输。生产区作为从事传统农业生产的区域，主要营造有吸引力的氛围，让游客认识农业生产的全过程，让游客在参与农事活动中体验农业生产的趣味性。该区域在景观设计、管理上比其他区域要粗放，规划设计上要突出项目和品种特色，尽力打造整洁、舒适、典雅的生产环境。

4. 休闲度假区

该区域是主要提供游客娱乐、休闲体验的场所，可以通过建设森林树屋、度假别墅、

> 休闲农业

主题酒店、温泉理疗等旅游设施，让游客摆脱日常繁重的工作压力，在旅游中寻求身心的自我放松，延长游客在园内的停留时间，增强休闲农业园的休闲度假功能。

5. 种植采摘区

采摘是吸引游客的一个亮点，该区域可以通过栽植农作物（如玉米、小麦、水稻、花生等），水果（如草莓、柑橘、葡萄、杨梅、苹果等），蔬菜（如番茄、黄瓜、辣椒等），鲜花（如玫瑰、月季、郁金香、菊花）等植物，从规模、视觉、体验上吸引游客。区域的选址也应选择水资源丰富、交通便利、土壤肥沃、地形高差起伏不大的地段。因该区域面积最大，是休闲农业的基本用地，在景观营造上应保留农田景观格局，完善采摘配套的基础设施（园林小品、道路系统）等，让游客通过采摘活动拉近与大自然的距离。如厦门市猪小惠生态农场就是通过农作物的采摘体验吸引周围的青少年学生，丰富青少年的户外拓展活动，以达到寓教于景的目的。

6. 科普展示区

科普展示区是为青少年、儿童设计的活动区域，以科学知识教育和趣味活动相结合，可以开展生态农业示范、农业科普教育示范、农业科技示范等体验活动，通过农业传统知识的推广（如栽培历史、农作物品种等），向游客展示农业的独特魅力，让青少年学生进行知识的充电和娱乐健身，加深对农业的认识和了解。

7. 引种驯化区

通过引进、选育和繁育国内外不同品种、不同成熟期、不同花色的优质农产品资源，对抗性强的品种进行适应性观测，选育适合当地生长的优良品种进行繁育，丰富农作物的品种，提高农作物的产量，促进农民增收。该区域的规划要有温室大棚、实验室等场所。

8. 设施栽培区

通过设施栽培，如温室大棚，让游客在农作物的非正常成熟季节采摘到新鲜的农产品。该区域的选址要求在地形平坦、水资源丰富、土壤肥力好的地段。

9. 生态观光区

该区域是利用原有的地形地貌、自然环境资源进行观光活动，以满足游客的生态观光体验。通常选择地形丰富多变，景观良好的地段，可通过设置观赏型农田、瓜果、湿地展示、水域风光等丰富原有景观，在进行景观设计时要因地制宜，最大限度保留原始景观，勿大拆大建、滥砍滥伐破坏自然环境资源。

10. 精品展示区

精品展示区可满足高端层次观赏者的采摘体验活动，该区域主要栽植精品水果、精品花卉、精品蔬菜（如无公害蔬菜、巨型南瓜、番茄树）等，利用农业新技术（如智能温室大棚、无土栽培、滴灌、组织培养、环境监控、生态农业技术、农业生物技术等），以展示高科技精品农业生产技术，推广新品种、新技术和先进设施。种植要求上高于普通农产品的栽植，规划设计可以结合园林艺术设计手法，利用廊架、棚架等不同排列形式组合空间景观。

（四）景观设施规划

景观设施的建设在休闲农业园区规划设计中必不可少，其选设布置能够提高园区的整体景观效果。为了满足游客吃、住、行、游、购、娱所需，同时提供给游客畅通、便捷、安全、舒适、愉悦的游赏空间，休闲农业园区内应提供必要的景观游览服务设施，如园门、园桥、园灯、园椅、盥洗池、亭廊花架、景墙、园林绿化、主题小品设施等。

1. 园门

休闲农业园区大门是园区中最突出、最醒目的部分。由于设计内容不同，其形象也有所不同。大门主要有集散交通、门卫、管理，组织园区出入口的空间及景致的作用，其形象则有美化街景的作用。与墙结合设计的景观小品，它们使两个分隔的空间相互联系和渗透，园门一般与园路、园墙结合布置，具有导游、点景和装饰的作用，一个别具匠心的园门给人以"引人入胜""别有洞天"的感受。休闲农业园区内园门的设计要与园区整体环境相协调，其颜色、造型、样式、材料等要体现休闲农业主题定位，园门立面形式常以门式、牌坊式、墩柱式为主，可以结合园区主题定位进行设计，让游客入园即可感受休闲农业观光主题（见图5-4）。

图5-4　休闲农业园大门

2. 园桥

园桥具有联系交通，跨越河道的作用。园桥是游客取景之处，且可分割水面空间，使水面空间具有层次感。观赏桥的形态也可作为休闲农业园区的景点。休闲农业园区在进行设计时可以结合地形进行园桥的设计，园桥的结构应视交通工具的不同及交通流量大小进行设计。桥体外形应美观，两侧可以设置安全美观的护栏。常见的园桥有木桥、石桥、竹木桥等。如图 5-5 所示。

图 5-5　园桥

3. 园灯

园灯主要有草坪灯、广场灯、景观灯、射灯等。园灯除了有照明的作用，其外形设计的美观性和与主题的融合性也能增加游赏的看点。在休闲农业园中，水边、草地、雕塑、园路、亭廊花架、走廊以及建筑物等地，均宜设计园灯。园灯的外观可以结合休闲农业园的主题进行设计，如在以果蔬为观赏主题的休闲农业园中，园灯的外形设计可以结合果蔬造型进行，可以将各种园灯设计成瓜果蔬菜的造型，增加游玩的趣味性（见图 5-6）。

图 5-6　园灯设计

4. 园椅

休闲农业园中的园椅可以结合园区休息环境，用自然块石或用混凝土做成仿石、仿树墩的凳子；或者是利用花坛、花台边缘的矮墙来做椅、凳等；围绕大树基部设椅子，既可休息，又能纳荫。园椅的外形设计上可以结合休闲农业园区的主题进行，如以养殖为主的休闲农业园，在园椅的造型设计上可以增加动物的元素进行设计；以种植为主的休闲农业园，园椅的设计则可以增加瓜果蔬菜的元素。

5. 亭子

亭子在休闲农业园区规划设计中属于游憩性园林建筑。因其独特优美的造型深受大众喜爱，具有高度灵活性，适用范围极广。亭子开敞而占地少，造型变化丰富。其作用表现为：一是作为休憩景点；二是作为观赏景点；三是作为被观赏的对象，起到点景的作用。如果设计将三者有机结合，则为佳妙。在设计时，亭子的位置、标高都要考虑（见图5-7）。

图5-7 亭子设计

6. 花架

花架既可作遮阴休息之用，又可以点缀休闲农业园区的景色。花架的设计要了解所搭配植物的原产地和生长习性，以创造适宜植物生长的条件和造型要求。植物的选择以藤蔓类植物为主，如紫藤、牵牛花、常春藤、金银花、葡萄等；花架的形式主要有廊式花架、片式花架和独立式花架3种造型，具体设计时可结合环境进行选择，材料的运用上可以使用当地盛产的材料进行，这样能够体现出地域特色，如图5-8所示。

图5-8 花架

7. 景墙

休闲农业园区中的景墙可以是作为园区边界、生活区的分隔而设计的带有景观效果的围墙；也可以是为了划分空间、组织景色、安排游览路线而布置的观赏景墙。随着人们物质文化生活水平的提高，"破墙透绿"的例子比比皆是，人们对景墙的选择也提出了更高的要求，休闲农业园区中的景墙造型、颜色、选材、体量大小可以结合园区场地情况进行布设，以丰富园区的景观空间（见图5-9）。

图5-9 休闲农业园区造型景墙

8. 园区植物景观

休闲农业园区的景观营造离不开植物，植物的选择要适地适树，植物栽植要做到春观叶、夏观花、秋观果、冬观枝，确保四季有景可观。坚持以植物多样性为基础，常绿树种与落叶树种比例合理，速生树种与慢生树种相结合，适地适树，最终建立以乔木为主体，乔灌草配植，比例合理的复层绿地，发挥最大生态效益和景观效益。在休闲农业园区中一些重要的景观节点上，可以设计立体绿化或者可以用植物制作各种造型，增加游玩的趣味性（见图5-10）。

图5-10 植物造景——人物、床

9. 主题小品设施

主题小品是园区环境的重要组成部分，有着不同的使用功能，起着组织空间、引导游览、点景、赏景、添景的作用。小品设计要统一于环境的总体艺术风格，统一而不单调、丰富而不凌乱。任何一个小品都不是孤立存在的，其与园区环境有着错综复杂、千丝万缕的联系。既有自己的风格特点，又统一于整体环境。小品设计还能烘托环境整体效果，其形体、材质、色彩的设计都应结合主题进行（见图5-11和图5-12）。

图5-11　西瓜造型的小品景观

图5-12　树桩小品造型

（五）建设分期规划

休闲农业园的规划不是一蹴而就的，需要按照制定的规划设计方案，整体规划，分步实施。在进行休闲农业项目投资建设时，往往选择分期投资建设方式，使园区随着旅游客源市场规模的扩大，各项工程设施分部分项逐步建设完善，以便合理有效地利用资金。在具体规划时，要确定总体建设期限，各功能区和重点项目建设开放时间和时间的衔接方案。计划按近期和远期分步实施，通过近期计划，启动项目，探索开发模式，远期逐步向纵深发展，最终达到近期与远期相结合，优化资源配置。

（六）基础设施提升规划

1. 道路交通规划

休闲农业园区内道路应以总体规划设计为依据，确定道路等级，园区内道路必须满足农业生产、农产品采摘、环境保护、职工生产和生活等多方面需要。园区道路可采用规则式网格状布局方式，游憩道路以多种形式组成网络，与外部道路合理衔接，沟通内外部联系。

通常，园区内道路可以分为3~4级，具体要求如下：

（1）一级道路。为园区的主要干道，是连接外部道路和沟通各功能分区之间的联系，设计目标为通行迅速和美观为主，外部道路按照国家相应的公路等级进行设计，内部主路路基宽度一般按照5~7m进行设计。

（2）二级道路。是园区的次干道，是园区内部生产运输和观光车辆的主要通道，通往各个功能分区，道路设计以通行便利为主，道路路基宽度一般按照3~5m进行设计。

（3）三级道路。是园区内部的农事作业道路，以便于农事作业为设计目标，道路宽度一般按照1~3m进行设计。

（4）四级道路。为游步道，是园区内通往景点、供游人步行游览的小径，道路宽度一般按照1~2m进行设计。

2. 标识系统规划

休闲农业规划布局中，应在各个功能分区的显著位置设置标识系统，如指示牌、解说牌等，标识、解说牌应起到指明行走方向、景点区位介绍、改善游憩体验、避免意外灾害、阐释科普知识、宣传经营理念的作用。各类标识系统在色彩搭配、风格定位、规格大小以及放置位置等方面必须协调统一，具体要求如下：

（1）规范休闲农业园的路牌、路标、建筑物名称等定位标示系统。

（2）设置清晰、明确的交通指示系统。

（3）特殊指示系统主要在主干路两侧标注，如风景区、古建筑、公厕等的标识。

（4）文明提示系统分为二级。一级文明提示系统是以休闲农业园干路为依托，提示人们需要遵守的行为规范、政府公告、政务信息等内容；二级文明提示系统为街区级文明提示，主要是就街区居民的行为规范、街区信息等内容进行标识。

（5）标识系统在外观设计上可以结合休闲农业园的主题进行，材料的选择上可以采用原生态的木质材料或者仿木材料制作，突出休闲农业园的乡土趣味。

（6）户外广告的设置位置和形式应与建筑物外立面、村落景观密切相关。户外广告应与建筑和周围环境和谐统一，兼顾白天美化、夜间亮化的视觉效果，并满足安全要求。

（7）休闲农业园区在建立品牌标识系统时，要注意标识语的创意，品牌标识要优美精致，符合美学原理，造型上也要独特，与休闲农业园主题契合，其标识语既要能展示其品牌宣传功能，又要让参观者产生额外的联想，强化标语的寓意，能产生很强的差别化效果，也能增强记忆，对休闲农业园旅游宣传有帮助。

3. 环保、环卫设施规划

（1）规划目标。

①创造一个高效、整洁、舒适，空气质量优、水质优的休闲农业园。

②有毒有害废弃物的处理全部达到无害化程度。

③以方便使用、防止污染、美化环境、健康安全为原则，合理布局各种环卫设施，充分利用现有条件，改造现有简陋设施。

④生活垃圾的收运逐步朝着容器化、标准化方向发展，逐步提高环卫工作机械化水平。

（2）规划内容。

①垃圾收集点。各功能分区及其他生活垃圾量较大设施附近，应单独设置生活垃圾收集点。

②废物箱。在主干道和各主要支道要设置废物箱，废物箱的颜色、尺寸应与分区环境相协调，要注意美观、耐用、卫生、阻燃、防雨等功能。为了与主题结合，休闲农业园的废物箱可以使用仿木结构，可以用水泥做成废物箱结构造型，在外表制作树皮的外貌，或者可以根据种植主题，购买一些成品，如西瓜、辣椒、西红柿等瓜果蔬菜造型的废物箱（见图5-13）。

③公厕。在流动人口聚集的地方要设置公共厕所，其服务半径一般为300~500m，公厕的外观设计也要考虑到原生态，还要注意以人为本原则，出入口要设置残疾人通道等。

图5-13 果蔬造型的垃圾桶

4. 给排水工程规划

（1）给水工程规划。休闲农业园区中给水主要满足农作物的生长、植物的养护用水和造景用水，在进行休闲农业园给水工程规划设计时，要计算好用水量，按照给水标准，综合考虑道路、绿化、消防及未预见用水量等，还应充分考虑近期与远期的结合，要根据园区的总体规划设计给水管网，分步实施，分期建设。给水管网的布置形式以树枝式管网形式为主，给水干管需要沿主要道路呈线状布置，支管按照各功能分区布局设置，山体上设计高位蓄水池，以满足休闲农业园的用水需求。

（2）排水工程规划。依据休闲农业现状地形、土地利用、道路规划建设情况等要求进行排水管网布局，规划设计时尽量利用天然河沟，沿原有沟渠及低洼积水线合理规划排水系统。排水管道布局要顺应道路及地形自然坡度，污水管网采用正交式布置的方式，分片区对污水进行收集，将污水收集后排入规划污水处理厂。

（七）生态环境保护规划

休闲农业开发的目的是改进旅游方式，促进旅游目的地的可持续发展，促进目的地的生态环境良性循环，但开发过程中稍有不慎，就有可能导致严重的休闲农业环境问题。如大量堆积垃圾会导致土壤污染，致使生态系统受到破坏；基础设施和旅游设施建设必然会占据一定空间，会破坏一些植物等问题，所以在进行休闲农业开发设计时，要根据有关规定，园区内一切植物和自然景观必须严格保护，不得破坏和随意改变，建设时要遵循保护为主、适当合理开发的原则，切实保护好休闲农业主体资源。

1. 休闲农业生态环境保护的内容

（1）自然环境的保护。休闲农业园区内的自然环境包括空气、土壤、水体、生物资源等。为保证园区内的空气质量，应严格控制烟尘和有害气体的排放；减少化肥、农药的施用量，避免对土壤造成新的污染；完善排污系统，努力实现污水、灌溉用水分流；生物资源要坚持保护、培养、合理利用相结合的思想，从而实现生物资源的可持续利用。

（2）人文环境的保护。休闲农业园区内的人文环境包括本土建筑、非物质遗存、民风民俗、人文风貌等。为了保护和传承地域文化，规划设计时应该坚持本土化原则，做好老房、老屋的调查、开发和利用，需要对乡土建筑进行设计和策划，逐步形成浓郁的地方特色；要加强非物质文化的传承和发展，保护好传承人；继续传承和创新民风民俗，如从业人员的服装应规范，强化本土服饰的吸引力；解说系统要采用本土化，避免商业化影响，提倡健康、文明的农村新风尚，营造团结、安定、幸福的乡村风貌。

2. 休闲农业生态环境保护的措施

（1）进行环境影响评价。休闲农业的发展离不开当地的资源环境，在具体规划设计时要进行环境影响评价，要确认风险。减少不利影响，确定环境容量，通过研究、管理、监测和公众参与，提出合理的生态环境措施。

（2）做好开发及发展规划。没有经过系统规划的休闲农业会存在诸多问题，如植物栽植未做到季季有景可观，会导致休闲农业季节性失业等。要使休闲农业能够持续发展，必须尽力去改善景区、社区和游客三者之间的关系，做好三者之间的协调发展。

（3）加强科学研究，扩大对外合作。生态环境保护是世界性的共同课题，休闲农业开发必须借鉴国内外有名的休闲农业园的相关经验，通过建立对外交流机制，扩大对外合作领域，及时掌握国内外环境保护的最新研究动态，为休闲农业园生态环境保护提供技术支持。

（4）加强组织领导，做好生态保护宣传。生态环境保护涉及的学科领域很广，是一个非常复杂的系统工程，规划设计上要求很高的整体性和协调性，各个部门只有加强领导，成立组织机构，对外做好宣传，才能把整体性、协调性的思路坚持下去。

拓展阅读

农业科技示范园区的开发与经营管理

某休闲农业园规划设计

某休闲农业园规划设计3D视图

农业现代化发展到一定阶段后，逐渐开始形成一种空间积聚的状态，这就是农业科技园区。农业科技园区不仅是高新技术的简单空间聚集，还有示范和推广先进农业技术的作用，是现代农业技术、现代农业装备、现代经营理念、现代生产和生活方式的集成创新和展示示范的模式场区或平台。农业科技园区具有农业、科技、园区三要素，随着旅游业的兴起，逐渐发展形成高科技休闲农业园。

我国的农业科技园区经历了起步阶段、快速提升阶段、急速膨胀阶段及逐步规范阶段。我国农业农村部要求对国家现代农业科技示范园区实行"目标考核、动态管理、能进能退"的考核管理机制，对建设成效显著、示范引领作用明显的国家现代农业科技示范园区将加大支持力度，对违反国家土地利用政策、损害农民利益、发生重大生产安全和农产品质量安全事故的示范区，将撤销其"国家现代农业示范区"称号。

一般来说，一个功能完善、结构合理的农业科技示范园区，在空间结构上的布局分为三个层次（三圈结构），即核心区、示范区和辐射区。核心区是园区的主体，是农业科技示范园区进行新技术和新品种试验、技术组装、科技成果转化的场地。示范区在核心区的技术、种苗、资金、信息、科技培训的带动下，通过企业化的运作，进行农产品标准化生产和技术示范，孵化新的产业，开发新的产品。辐射区的首要任务就是要将核心区、示范区的农业科技成果推广出去，取得经济效益。

目前，我国的省级、国家级农业科技示范园区按经营主体分为政府主导型、企业主导型、院地联营型及复合型；按主体功能分为科技示范型、企业集群型、旅游观光

▶ **休闲农业**

型及地产开发型，但均兼具社会公益功能、企业盈利功能、生态环保功能。这种园区的建设提高了资源的利用效率，促进了生态环境的改善；提高了科技创新能力，产生了一批农业科技成果，实现了农业高新技术的示范与推广；培育造就了一大批龙头企业，建成了一大批农业产业基地；加快了农业高新技术成果的试验、示范、辐射推广和转化；为城镇居民营造了一批农业科技休闲、旅游、观光的好去处；提高了劳动者素质，完善了社会服务功能，形成了产业龙头。

项目小结

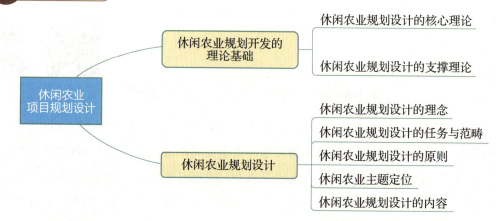

复习思考

1. 休闲农业园区设计如何突出乡土气息？
2. 休闲农业园区开发建设怎样做到以农为本？
3. 休闲农业园区怎样传承中国民俗文化？

 技能训练

技能训练五　某休闲体验园规划设计

一、技能训练目标

通过该休闲体验园规划设计实训，让学生掌握休闲体验园区主题定位方法，学会划分园区功能分区，会进行园区内容设计。

二、技能训练材料与用具

铅笔、橡皮擦、尺规、绘图纸、马克笔、彩铅、计算机、绘图软件。

三、技能训练步骤

1. 对休闲体验园进行场地分析（SWOT分析）。

2. 针对休闲农业的情况提出主题定位。

3. 围绕主题进行分区规划。

4. 各分区内容规划设计。

5. 通过尺规作图和计算机辅助绘图完成图纸。

四、技能训练

休闲体验园项目场地如图5-14所示。

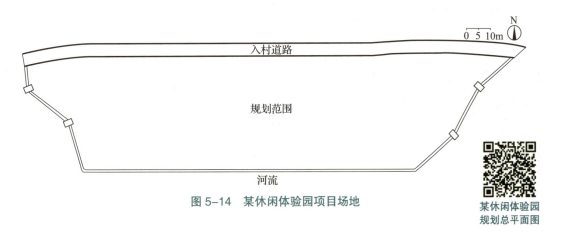

图5-14　某休闲体验园项目场地

某休闲体验园规划总平面图

休闲农业

表 5-3　某休闲体验园规划设计实训评量表

专业班级：		组别：		姓名：		学号：	
各位同学： 　1. 为了体现休闲农业课程中某休闲体验园规划设计的实训教学效果，请在老师的安排下，完成项目场地的主题定位、分区设计、内容设计和图纸表现； 　2. 请针对下列评价项目并参酌"评量规准"，于自评、组评项按照 A、B、C、D 打分，再请老师复评。							
评量规准							
符号向度	A （80～100分）	B （60～80分）	C （0～60分）	D （0分）	自评	组评	教师复评
1. 主题定位（10%）	主题明确，能根据场地区位环境明确主题	主题不够明确，主题的确定与区位环境关系不大	主题不明确，脱离区位环境确定主题	无主题			
2. 分区设计（30%）	功能分区设计计合理，特色鲜明、能够满足游客需求	功能分区设计不够合理，特色不太鲜明、满足游客基本需求	功能分区设计不合理，特色不鲜明、难以满足游客需求	无分区设计			
3. 内容设计（40%）	内容涵盖"吃住行游购娱"，设计要素合理，将地形、水体、植物、道路、建筑结合起来	内容不能完全涵盖"吃住行游购娱"，设计要素不够合理，未能将地形、水体、植物、道路、建筑结合起来进行设计	内容少，设计要素不合理，不能将地形、水体、植物、道路、建筑结合起来进行设计	无内容设计			
4. 图纸表现（20%）	图纸布局合理，美观协调，能按照要求进行设计	图纸布局不够合理，美观性差，未能按照要求进行设计	图纸布局不合理，排版不美观，没有按照要求设计	无图纸			
小计：							
合计：							
分享：							
						评价教师：	

模块六

休闲农业经营管理

🔍 项目导读

经过了前期的策划和开发，休闲农业的项目成功建设起来。但是若要吸引客户进行休闲活动，实现经济效益的转化，就需要对休闲农业进行经营管理。例如，想在梵净山脚下修建一座农庄，经过选址、设计和建设之后，需要对如何去吸引顾客、如何运行农庄的休闲活动项目获取效益进行经营和管理。这是所有休闲农业的最终目的。

休闲农业

单元一　休闲农业经营管理的认知

【知识目标】
1. 能阐述休闲农业经营的概念。
2. 能说出我国休闲农业的经营模式。
3. 能阐述我国成功的休闲农业园区的经营策略。

【技能目标】
1. 会使用融资的方式和渠道。
2. 能借鉴应用目前常见的休闲农业经营管理模式。
3. 会进行休闲农业品牌打造。

【素质目标】
1. 具备良好的职业道德。
2. 形成质量意识、成本意识、诚信意识、规矩意识。

一、经营管理的职能

经营管理，是企业或者组织以自身生存为出发点，以长期发展为目的，充分协调和配置自己的资源，有计划、有组织地开展一系列生产经营活动，来获取经济效益和社会效益。活动内容包括确定管理体制、管理机构、管理人员、市场调查、经营方针、经营目标、资源管理、生产管理、技术管理、成本管理等。

一般而言，经营管理的职能包括以下5个方面。

（1）战略职能。该职能是进行经营管理时的首要职能。因为企业在运行最初的时候，为了适应复杂的经济环境，寻求稳定的发展，必须从一开始就确定自己的战略：分析环境、制定战略目标、制定方针和策略、制定实施计划。

（2）决策职能。该职能经营管理的中心内容。决策往往能决定企业的成败。好的决策使企业如虎添翼，坏的决策使企业陷入困境。

（3）开发职能。这里的开发职能是指产品、市场和技术的开发。一个企业是否能在竞争中脱颖而出，产品的品质尤为重要，而要持续地开发出好的产品，就需要拥有一流的人才。

（4）财务职能。在任何企业和组织的运行发展中，资金都不可缺少。如何筹措资金、运用资金，使资金增值，对于企业而言都相当重要。

（5）公共关系职能。在web3.0时代，公共关系成为企业与外界联系的一个尤为重要的窗口，决定了企业与投资者、供应商、竞争者、顾客，甚至员工的关系。

二、休闲农业经营管理的内容

休闲农业经营是指休闲农业提供方，即经营者为了营销自己的产品或服务、吸引消费者而采取的一系列活动。其包括调研市场、推销产品、促销活动、提供服务等。这就需要经营者有敏锐的市场嗅觉，在经营过程中做出正确的判断和决策。

休闲农业经营管理即休闲农业园区的经营主体，为了在不断变化的社会环境下得到生存和发展，而进行各种各样的活动，充分调动和配置园区内包括人力、财产和物质在内的一切资源，最大限度地满足游客的需要，最终获取经济效益和社会效益的过程。在这个过程中，根据实际情况和客户反馈，休闲农业经营主体需要不断调整投入和产品。

（一）休闲农业资金管理

1. 融资管理

休闲农业经营者为保障生产经营活动的正常进行，需要对所持有的资金进行管理，当资金不足时需要进行必要的融资活动。也就是说，根据生产情况，对资金进行重新调配，比如融资。

国内常见的融资渠道主要有以下3种。

（1）国家财政资金。近年来，我国对农业发展更为关注，扶持力度持续增加，经营者可以争取各种惠农政策发展休闲农业。

（2）金融机构信贷。金融机构资金实力雄厚，安全可靠，贷款方式多样，可以为休闲农业经营者提供各种各样的贷款服务。比如银行可以提供商业性或政策性贷款，保险公司、信托公司、证券公司等可以提供融资服务。

（3）民间资金。企事业法人单位职工和城乡居民暂时不用的资金，通过股票和债券的形式对休闲农业经营组织投资。

除此之外，还有其他法人单位资金、民间资金、内部形成的资金以及境外资金。

国内主要的融资方式有以下几种。

（1）股票融资。股份有限公司类型通常会靠发行股票来筹集资本。持股人凭借股票拥有公司所有权，成为公司股东，享受利润分红，承担有限的公司责任。休闲农业经营者通过这种方式筹到的资金是主权资本，是永久性的，同时是动态变化的，因为一般情况下股利的多少随着组织盈利的多少而变动。

（2）负债融资。休闲农业经营者可以通过发行债券或向银行贷款等方式筹集资本。依据资金使用期限的长短，负债融资可分为短期负债融资和长期负债融资两种。短期负债融资是采用商业信用、银行短期借款等方式筹集资本供短期使用。长期负债融资是采用长期借款、发行债券等方式融通资本供长期使用。休闲农业经营者要进行正常的生产经营活动，必须筹集一定数量的长期资金，比如采用吸收股权资本、发行股票、长期借款、发行债券等方式筹集。

债券是债务人为筹集资金而发行的承诺按期向债权人支付利息并偿还本金的一种有价证券。发行债券是休闲农业经营者筹资的重要方式之一，目的是筹集大额的长期资金。债券发行费用低，且允许在所得税前支付利息，融资成本较低；不管经营者盈利多少，债券持有人只能得到固定的利息，无权参与经营管理，经营者也可提前赎回债券，从而保证自己的控制权。但债券融资要求休闲农业经营者必须在固定的日期还本付息，有较大的财务风险；同时利用债券筹资通常有一定的额度限制（如《中华人民共和国公司法》规定，企业发行流通在外的债券累计总额不得超过该企业净资产的40%）。

长期借款是指休闲农业经营者向国家政策银行（政策性借款）、商业银行（商业性借款）和非银行金融机构借入期限在1年以上的各种借款，主要用于固定资产投资和满足长期资金占用的需要。长期借款筹资速度快，借款程序较简单；筹资弹性较大，经营者有较大的灵活性；但长期借款筹资风险较高，筹资数量有限且用途多受限制。

（3）租赁融资。租赁融资是指休闲农业经营者向租赁公司定期支付等额的租金而拥有指定资产的使用权，到期支付一笔手续费后，企业拥有资产所有权的筹资方式。租赁融资是承租人资金不足，但生产经营需要添加必要的设备而采取的一种特殊融资方式。在租赁融资时，出租人按承租人的要求租赁物品且在融资期内拥有所有权；承租人负责租赁物的维修保养、保险及管理，定期支付租金；双方在合同有效期内均无权单方面解除合同。

2. 营运资金管理

营运资金是指流动资产与流动负债的差额。有效的管理，可以减少运营者对资金的需求，也可以提高报酬率，降低财务风险。

（1）现金管理。休闲农业经营者为了防止紧急情况出现或者为了及时抓住投资机会，会持有一定数量的现金。但是在持有现金时，需要支付现金管理的费用或者损失的再投资时产生的收益等。所以现金管理的科学性显得非常重要。

（2）应收账款管理。经营者在销售过程中应该收回的款项为应收账款。休闲农业在经营过程中，散客一般直接支付货款，而企业或组织大多为赊账，所以这些款项成为需要管理的对象。

（二）休闲农业人力资源管理

从广义来说，人力资源指的是在一个国家或地区中，在社会中具有智力劳动能力和体力劳动能力的人的总和，也就是拥有劳动能力的总和。从狭义来说，人力资源是指一个企业中能对创造价值起作用的资源，组织拥有的可以制造产品和提供服务的人员。

在企业运营过程中，充分认识和了解所拥有的人力资源并合理配置和管理起到十分重要的作用。需要调动人的积极性，发挥人的创造力，将人的能力转为财富。

人力资源管理一般分为四大模块。

（1）人力资源规划。在休闲农业中，经营者科学地分析工作内容和性质，确定岗位规范。

（2）招聘与配置。根据岗位设置，寻找符合岗位需求的人员任职，"招聘"即吸引和聘任，通过发布招募广告来吸引求职人员，选拔出合适的优质人才。

有效的招聘可以减少不必要人员流失，提高工作效率，减少失败风险。

员工招聘一般分为制定招聘计划、确定招募途径、发布招聘信息、审核求职信息、初次面试、测试、任用面试、体检等部分。

（3）培训与开发。根据工作需要，企业需要定期对员工进行培训，使得员工工作态度、价值观和能力能与企业目标和要求契合，适应不断变化的外部环境和内部环境，提高生产效率、减少成本消耗。根据员工的岗位需求和个人发展情况，培训内容应该因材施教，比如分为一线员工培训、基层管理人员培训、中层管理人员培训和高层管理人员培训。

（4）绩效管理。即管理者和员工共同制定的用于完成组织目标的一个循环过程，包括绩效计划制定、绩效辅导沟通、绩效考核评价、绩效结果应用、绩效目标提升。组织目标是多重的，即既有总体目标，又有具体目标；既有集体目标，又有个人目标；既有短期目标，又有长期目标。对于休闲农业而言，企业全体成员都在为把休闲农业运营得更好、收益更多而不断努力，提升个人绩效，进而提升企业的绩效。

（三）休闲农业技术管理

现代化信息技术是休闲农业蓬勃发展的必要条件。在经营休闲农业的时候，要对休闲农业技术进行科学管理，不断创新、研发、引进和推广，将技术转化为生产力。

> 休闲农业

休闲农业技术一般分为立体型农业技术、超级型农业技术、快繁型农业技术、设施型农业技术和无土栽培型农业技术。

（1）快繁型农业技术。通过人工育种、胚胎移植和胚胎分割技术等无性繁殖技术育苗、组培生产。

（2）设施型农业技术。结合现代设施技术和信息技术，实现种植和养殖产业链的自动化、标准化生产，提高生产效率。例如，荷兰温室的黄瓜面积产量达 $800t/hm^2$。

（3）立体型农业技术。该技术多用于观光，充分利用动植物生长密切相关的自然资源，在时间、空间维度上混搭，结合现代信息技术，进行生产，促进经济、生态和效益高效统一，达到共生，如水稻—浮萍—鱼类共养模式。

（4）无土栽培型农业技术。该技术已被广泛用于全球现代设施农业生产，其原理是使用培养基和营养液进行作物种植，人工创造植物生长环境，最大限度的在最低消耗的情况下满足作物生长的养分需求。

在进行技术管理的时候，分为5步：

（1）对技术开发的方向进行管理，决定好重点开发任务。开发方向就像战略目标，方向对了，技术开发就成功了一半；方向错了，就会损失大量的人力和物力。

（2）对开发过程进行管理。在开发过程中，最主要的是制定开发计划，降低开发成本，在尽可能短的周期内完成开发。

（3）开发资金的管理。资金必须严格根据资金管理办法使用，资金是否有效使用决定了开发的质量。

（4）开发信息的管理。开发过程中会出现大量信息，比如政策、资金、技术等，合理地保存和搜集这些信息有助于开发的规范和后期维护。

（5）开发成果的管理。休闲农业技术开发得到的是科研成果，科研成果可以转化成经济效益，所以每一个科研人员和机构都应该对自己的科研成果进行保护，比如申请专利，或者保密封存。

（四）休闲农业设施管理

1. 休闲农业住宿设施管理

（1）主题农院。接待农户应建设不同的主题农院，减少接待农户间的重复建设和隐藏的矛盾竞争。主题农院的建设主要通过接待农户房屋内外的乡土化装修，体现乡土气息而实现。依托现有的乡村村舍及其各自分布特点，进行不同主题的选择与营造，摆脱农舍传统编号的生硬编制，创造有主题、有内涵的新经典，供游客选择。

①保持传统农舍特点。装饰时，除了种植观赏性植被，鼓励使用具有地域特色的农产

品进行装饰，或使用具有民族特色或地域特点的农耕用具进行点缀，增加乡土气息。

②增加艺术特色。在原有传统农舍特点的基础上，应增加符合建筑风格和环境特点的装修风格，体现文化气息、地方特色、青山绿水，或是文艺清新风格。

（2）星级农庄。建议住宿条件按照中华人民共和国国家标准《旅游饭店星级的划分与评定》（GB/T 14308—2010）中一、二星级的建设标准来装修，实现住宿功能使用率的提高。例如，我国贵州省铜仁市松桃苗族自治县的部分酒店，将本地少数民族特色加入装修风格，适当添加蜡染、手绘和图腾作为装饰，飘窗上增加茶案。

三、休闲农业经营管理模式

在进行休闲农业经济管理的时候，要时刻贯彻可持续发展思想，分清楚根本利益和长远利益，兼顾社会效益和生态效益，注重资源环境和休闲农业和谐发展。

（一）休闲农业经营管理模式的作用

近年来，随着休闲农业和乡村旅游的兴起，加入休闲农业与乡村旅游行列的人越来越多，服务的内容越来越丰富，它与农村电子商务一同成为振兴农村经济的主要力量。

1. 促进先进发展理念的推动

休闲农业式经营管理模式能够对新型农业的发展理念进行有效传播，加强城市与乡村的文化交流和信息沟通。尤其是较为落后的农村地区，虽然其工业不发达，但可以保留乡村的传统特色，维护生态环境，促进旅游业的发展，提高城乡结合度，促进经济的相互融合。

2. 提升农村生活生产水平

因为休闲农业的发展需要建立在生态环境的建设之上，促使农民摒弃陈旧的思想，加入自觉维护环境的队伍之中。优美的环境吸引了更多游客，进一步推动旅游产业的发展，农村地区经济效益随之得到提高，生活质量有效改善，最后实现农业生产、生态环境和居民生活的有效结合。

3. 促进农村地区消费发展

我国是农业大国，但是第三产业在农村经济的发展中占比较少，尽管电子商务渠道下沉，但是农村地区整体的消费仍然处于较低水平。休闲农业的大力开发，直接推动了农村

休闲农业

地区消费市场的发展，激发农村地区内在的消费需求。随着近几年城市人口增加，回归农村旅游成为一种消费趋势，农村旅游市场有较大的发展空间。发展休闲农业对我国扶贫攻坚有着重要意义，可将消费市场带到农村去。

4. 拓展旅游产业发展领域

随着人民生活水平的提升，大家在工作之余都会选择出行放松，所以旅游产业的规模不断扩大，质量不断提高，经济效益显著增加，休闲农业的经营管理模式也得到大力开发，推动农村旅游产业的模式多元化蓬勃发展。

（二）休闲农业经营管理模式

休闲农业充分利用乡村文化、自然景观、农业资源、农家生活，以及乡村农业经营等有利条件，在合理开发设计利用的基础上，为人们提供休闲娱乐和旅游观光等旅游活动，帮助农民增加就业收入。随着经济水平的提升和城市发展进程加快，日渐拥挤的城市交通和高度集中的城市人口等现状促使休闲农业蓬勃发展。

虽然休闲农业发展迅速，效果也显著，但是农村新兴第三产业发展的不成熟导致其存在的问题也很多。例如缺乏监管机制，地方行政管理部门没有根据实际情况制定监管制度，导致脱管的休闲农业处于混乱的经营管理中，游客的权益不能得到有力保证，甚至可能造成生态环境的破坏，阻碍休闲农业的可持续发展。抑或由于农户没有得到管理，素质低下，影响游客的体验感受，阻碍当地休闲农业的发展。

为适应经济发展与环境保护的和谐共存，强化利益并加强发展引导，应该对休闲农业的经营管理模式进行优化，调整农业结构。主要的休闲农业经营管理模式按照组织形式可以分为以下 6 类。

1. 政府主导经营管理模式

休闲农业的发展与当地的农村经济紧密相关，其经营过程与政府政策支持、沟通协调和宏观引导紧密相关，各地农民的人员培训、资金扶持和政策规划都在政府的引导下完成。例如，贵阳市乌当区的情人谷、渔洞峡和香纸沟等风景区就是典型的政府主导经营管理模式，由政府进行前期规划、资金投入和人员管理，使得景区基础设施和旅游环境得到改善。但是如果政府只注意前期的规划和管理，忽视项目实施过程中的管理，忽略农户的自主参与度，将会导致景区的设施废弃或受损，甚至闲置，服务水平跟不上致使游客流失。

2. 企业独立经营管理模式

企业模式具有现代企业的一些特征，有较为健全的组织机构设置，有管理者和雇员，产权明晰、机制灵活。经营的园区是一个独立的经济实体，独立经营、自主决策、自负盈亏，土地一般通过租赁的方式获得。经营者按照市场价值规律经营运作、配置资源，景区的经济效益往往较好，经营规模较大。

这种模式的优势在于产权明晰，自然地解决了政企分开和市场导向的问题。经营者市场反应迅速，注重投资回报。但是企业独立经营会导致农业园区缺乏地方特色产业支持，与本地发展产业链脱节。所以如果使用该模式，应该与当地产业、自然和人文相结合。

3. "园区+企业"经营管理模式

该模式一般首先由政府推动休闲农业园区的基础设施建设、提供相关配套服务，并在园区设立管委会为主管机构。园区借助各种优惠政策，通过招商引入投资规模大、科技含量高、经济效益好的农业企业进驻园区，能使游客领略现代农业的发展趋势和高科技的神奇魅力。入驻企业租赁园区内土地，独立经营，独立核算，并对农民进行技术培训，带动农民致富。这种模式尽管已经把观光旅游作为目标之一，但是开发力度尚显不足。管委会作为园区的旅游接待机构，还没有充分挖掘现代农业的旅游功能。园区内的旅游项目和食宿接待设施往往不多，园区也较少和周围景点进行有效的互动。

4. "合作社+农户"经营管理模式

这种模式又叫联合式，是以行政村为单位。这些村民都意识到共同发展是一个大趋势，所以按照行政区域形成合作。每家农户虽然会形成单独的接待户，但是也会分享超过自家接待能力的过剩客源，这样可以将小团队游客留在当地，从而获得旅游收入。形成联合式的接待户之间没有资产联系，通过合作社成立旅游管理机构，对外进行整理宣传，为本村接待户和来访游客提供基础性的服务。例如，湖南省凤凰古城酒吧街、铜仁市苗王城农家乐片区。

5. "公司+农户"经营管理模式

该模式由公司主导，联合当地居民共同经营和管理。资金方面，双方可以约定出资比例，或者村民以住宅、农田、菜地等农业资源入股参与分红。根据不同的场地设计不同的休闲农业项目。例如，开发并提供渔业相关的休闲活动的休闲渔场、提供牧业相关休闲活动的休闲牧场、开发可以采摘的休闲果园、开发可以采摘茶叶或者进行茶叶加工的休闲茶馆、

▶ 休闲农业

开发可以参与花卉相关休闲活动的花园等项目，这些项目由农户承包、公司运营管理，收益按约定分配。这种模式充分调动公司在运营管理方面的优势和农户在场地风俗习惯上的长处，并克服二者在对方领域的不足，提高生产效率和服务水平，促进休闲农业健康发展。

6. 个体经营管理模式

个体经营管理模式就是由个体户独自进行经营管理，这是普遍存在、分布最广的经营管理模式。个体户经营者在自家现有田园和房屋的基础上，进行改建扩建，为游客提供一些娱乐设施和食宿接待服务。这类大户一般不依赖村组织，有独立面对市场的能力。个体经营最为灵活，也可以对周边农户产生一定的榜样和示范作用。但是，个体经营完全依靠个人的能力，服务水平参差不齐，而且容易形成相互拉客的恶性竞争，对区域内休闲农业的发展形成一定阻碍；而且个体经营者的规模有限，对当地经济效益的推进作用也十分有限，同时因为数量多、分布散，导致行政部门在对个体经营者的行为约束上，也存在一定的困难。

这些模式都可以集合农业生产、乡村景观和休闲娱乐等特点，迎合广大游客心理需求，促进农村旅游业发展，有力推动农村经济的增长，增加农民就业机会，并传播现代农业理念，促进农业向产业化、规模化方向转变。

模块六　休闲农业经营管理

单元二　休闲农业电子商务

【知识目标】
1. 能说出我国休闲农业电子商务发展现状。
2. 能阐述电子商务网络平台的类型和特点。

【技能目标】
1. 能正确使用休闲农业电子商务平台。
2. 会运用休闲农业网络营销方法和技巧。

【素质目标】
1. 具备良好的职业道德。
2. 具有创新创业意识，具备不断学习、勇于探索、敢于创新、敢于实践的开放精神。

在休闲农业的经营过程中，不少商家选择了电子商务作为宣传和销售的手段，以满足当代人们日益增长的消费需求，一边可以让互联网将休闲农业推进城市的视野，一边可以把健康、绿色的农产品带给大家。

一、休闲农业电子商务网络平台选择

（一）微信

微信作为当代人广泛使用的即时通信手段，已经成功改变人们的生活方式。自2011年1月微信作为免费的智能终端应用推出以来，实现了跨运营商、跨操作系统的即时语音、视频、图片和文字通信，并且可以完成基于位置的"摇一摇""朋友圈""公众平台""视频号""小程序"等多个社交功能，公众可以通过这些功能将精彩内容分享给微信好友。

目前，微信的支付功能非常强大，已经完全融入人们的日常生活。

▶ 休 闲 农 业

1. 微信朋友圈

基于微信用户的数量，经营者可以通过添加客户为微信好友，在朋友圈发表文字、图片和视频，对所经营的休闲农业项目进行宣传。同时可通过其他软件将制作的文案、图片和视频分享到朋友圈，作为扩展宣传手段。比如朋友圈能展示的视频只有 15 秒，但是通过腾讯旗下的"微视"App，可以发布 30 秒视频。用户可以对好友发布的内容进行"评论"或点赞，用户只能看相同好友的评论或点赞，但是用户也能在看到共同好友的评论和点赞的同时，更加信任经营者。再者，基于微信强大的支付功能，能轻松解决客户付款的问题。

2. 微信公众平台

微信公众平台，通常称为微信公众号，是可以用于进行简单自媒体活动的微信账号。曾经被命名为"官号平台""媒体平台"。通过公众平台，企业或者个人可以进行一对多的宣传活动。对于休闲农业经营者来说，是一项较为便捷的自媒体行为活动。微信公众平台可以作为官网进行信息发布并提供服务，也可以吸纳关注者成为会员，为关注者推送信息，发起支付活动或其他活动。

当注册微信公众平台时，有四种类型的账号可供选择，分别是公众平台服务号、订阅号、企业微信和小程序，功能见表 6-1。

表 6-1 微信不同账号类型的功能

账号类型	功能介绍
订阅号	主要偏于为用户传达资讯（类似报纸杂志），认证前后都是每 24 小时只可以群发一条消息。（适用于个人和组织）
服务号	主要偏于服务交互（类似银行，114，提供服务查询），认证前后都是每个自然月可群发 4 条消息。（不适用于个人）
企业微信	企业微信是一个面向企业级市场的产品，是一个独立 App，好用的基础办公沟通工具，拥有最基础和最实用的功能服务，专门提供给企业使用的 IM 产品。（适用于企业、政府、事业单位或其他组织）
小程序	是一种新的开放能力，开发者可以快速地开发一个小程序，小程序可以在微信内被便捷地获取和传播，同时具有出色的使用体验。
温馨提示	如果想简单地发送消息，达到宣传效果，建议选择订阅号； 如果想用公众号获得更多的功能，例如开通微信支付，建议选择服务号； 如果想用来管理内部企业员工、团队、对内使用，可申请企业微信； 原企业号已升级为企业微信。

微信公众平台提供群发、素材编辑、自动回复、自定义菜单、投票管理、客服、微信小店、微信连 Wifi，小程序管理等多种功能。当微信公众号成为认证账号后，就能通过微信小店这个功能插件注册成为商户。

（二）淘宝

淘宝成立于 2003 年，是中国比较大的零售网购平台之一，也是亚太地区较大的网络零售商圈。其推出的第三方支付工具"支付宝"，以"担保交易模式"取得了消费者的信任。2004 年，淘宝推出的"淘宝旺旺"使得电子商务克服了时间障碍，让即时聊天与网上购物结合起来。

休闲农业企业可以利用淘宝平台进行农产品或服务的销售，也可以使用淘宝的"飞猪"来销售休闲农业配套旅游产品。

1. 淘宝开店流程

（1）注册淘宝账户。打开 taobao.com，点击左上角的"免费注册"，使用手机号就能完成注册。如图 6-1 所示。

图 6-1　淘宝注册窗口

（2）绑定支付宝账户。如果没有支付宝账户，需提前注册。

（3）支付宝实名认证。在淘宝首页右上角点击"我要开店"即可。支付宝需要提前实名认证。（淘宝首页→卖家中心→店铺管理→我要开店）。

（4）淘宝开店。个人凭借身份证即可完成开店。非个人选择"企业店铺入驻"，需要提供企业认证资料。如图 6-2 所示。

图 6-2 淘宝开店窗口

（5）发布产品。在卖家中心选择"宝贝管理"，选择类目，设定产品类型，填写宝贝的基本信息，编辑详情资料，确定物流方式，预览无误后发布即可。

2. "飞猪"

飞猪是阿里巴巴旗下的一款面向年轻消费者的产品，主要为淘宝会员提供机票、酒店、旅游线路等综合性旅游产品和服务，原为"阿里旅行"，后改为"飞猪旅行"。

目前，飞猪的入驻方式有 3 种。第一种是在飞猪上开店，为飞猪会员提供机票、酒店、旅游线路等商品和服务；第二种是淘酒店专业店铺供货，全平台自动铺货，入驻酒店将以信用住的方式进行售卖；第三种是驿站链接淘系数过万的专业店铺，全平台自动铺货，线上线下销售渠道一体化管理。飞猪目前只支持企业入驻，休闲农业企业可以使用飞猪提供在线服务。入驻流程如图 6-3 所示。

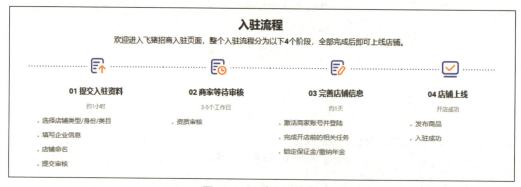

图 6-3 飞猪入驻流程

（三）马蜂窝旅游网

马蜂窝旅游网是我国的一个提供旅行玩乐服务的平台，成立于 2006 年。该平台利用"内容＋交易"的模式，将复杂的旅游、预订和体验变得简单、高效和便捷。作为新型旅游电商，马蜂窝具备了社交和旅游预订等多个功能。

二、休闲农业网络营销

网络营销又称为网上营销或者电子营销，指借助互联网技术，用现代营销理论对所销售的产品和服务进行一系列的经营活动。

（一）网络营销与传统营销的区别

传统的营销是围绕产品、价格、销售渠道和促销服务，强调的是利润点最大化。在产品上，注重产品开发，产品功能放在第一；在价格上，注重根据不同的市场定位，制定不同价格；在地点上，注重经销商的培育和销售网的建立；在宣传上，注重广告、公关、促销、营销等行为。

而现代网络营销是以客户为中心，对传统营销理论进行了改进，形成"4忘掉和4考虑"：忘掉产品，考虑消费者的需要和欲求；忘掉定价，考虑消费者为满足其需求愿意付出多少；忘掉渠道，考虑如何让消费者方便；忘掉促销，考虑如何同消费者进行双向沟通。

因此，网络营销和传统营销的区别体现在营销理念、营销目标、营销方式和营销媒介的不同。

（二）休闲农业网络营销策略

1. 网络营销客户策略

对于休闲农业企业来说，如果想要实现自己企业的产品被市场所认同，可以采取多种方式，使得客户的来源渠道多样化，只有这样才能保证营销过程中与客户的关系得到更好地维护，提高客户的信任程度。可以选择信誉度高、声誉好、影响力较大的网络媒体，发布相关信息广告，吸引一些潜在客户。除此之外，还可以用连锁反应的方式由客户介绍客户，这样的客户要比关系型客户更加稳定，可能成为企业发展的永久性客户。所以面对企业客户的选择时，企业应利用网络媒介建立广泛的客户选择机制，实现客户资源多样化，更加有利于企业的发展和突破。

2. 网络营销价格策略

产品价格并不是标在商品上的标签，它具有多种功能，是体现商品价值的因素。休闲农业产品项目的标价不仅仅是为了体现出产品的价值，同时也能够刺激客户进行消费，因此，休闲农业产品项目在制定价格时要综合考虑多种因素。例如，农场为了推广有机蔬

休闲农业

菜，开展一系列的农家乐、自助农家游等活动，让游客体验到清新自然的农家生活的同时，将有机蔬菜推广出去；以有机蔬菜为依托，策划出较多的休闲农业产品项目，将采摘比赛、营养配餐等趣味性活动融入其中，让游客产生宾至如归的感觉。休闲农业企业在进行网络营销价格制定的时候，要将产品的质量、产品的信誉度和口碑、同类产品的价格、休闲农业产品项目在市场上的占有份额等因素考虑在内。

3. 网络销售促销策略

休闲农业企业需要采用混合渠道或多渠道营销的营销模式，提高休闲农业产品的综合竞争力。一方面选择合适的电子商务平台进行企业产品的展示推介；另一方面在线下拓展客户，采用在商场、超市等人流量多的区域开展宣传活动，现场派发优惠券、推送公众号，提高客户对休闲农业企业产品的认知。网络销售平台根据不同时间开展不同的促销活动，例如在樱桃成熟时，举行与爱情有关的促销活动，派发优惠券，规定该段时间携带伴侣参加休闲农业旅游可享受半价优惠等。

拓展阅读

台湾休闲农业经营管理模式

我国台湾的休闲农业发展于1960年左右，是中国最早开始发展休闲农业的地区之一。当时台湾的农业处于衰退阶段，为了寻找新的经济增长点，台湾制定了《发展休闲农业计划》，从技术、经费、宣传等多方面对休闲农业进行宣传，并且纳入产业规划，甚至在高校内开设休闲农业课程，所以台湾的观光休闲农业得到大力发展。

截止2013年，台湾的休闲农庄有1200家，平均每个乡镇3.3个，包括乡村花园、乡村民宿、观光农园、休闲农场、教育农园、休闲牧场等。每个休闲农庄每年游客大约45000人。休闲农业每年为台湾创造的收益多达40多亿新台币。

在台湾休闲农业的发展过程中，乡村体验经济经营模式占据了核心地位，同时获得台湾当局重视和社会各界扶持，开展多种多样的经营管理活动。

1. 政府重视，各界参与

台湾农业委员会召开相关研讨会，为休闲农业定义，推出相关政策和规定，比如"休闲农业辅导管理相关规定"，推动休闲农业发展；从省到乡的各级别行政单位都形成统一管理，科学规划和布局"一乡镇一休闲农渔区"，引导每一个农户和农园参与休闲农业项目的近、中、远期各项规划；1998年成立的休闲农业发展协会和2003年成立的休闲农业学会都积极在休闲农业发展中发挥重要作用，例如制定规划、规定和政策，进行技术培训辅导和项目发展监评、在台湾大学开设休闲农业课程推动休闲农业教学研究。

2. 核心明确，类型丰富

从1940年体验经济的概念出现开始，台湾休闲农业就以体验农业为核心推行休闲农业项目，几乎所有的休闲农场都开设教学体验、生态体验、农耕体验、风味餐饮、果树采摘、乡村旅游、农庄住宿、蔬菜采收、农业展览、民俗技艺体验、林场体验、牧场体验、渔场体验、农村酒庄和市民农园等体验内容，丰富休闲农业发展模式。

3. 积极创新，方式多样

台湾现有的休闲农场，基本都可以直接从事农林牧渔业生产与经营。休闲农产品的品种和项目也很丰富，文化元素被融入休闲产品、旅游产品、健康产品和保健产品的开发中；经常在市县举行各种类型的农业展销会，比如2012年宜兰青年美食文化体验营，既推广了宜兰美食，又让人们全面理解宜兰食物文化；在推广的时候，除了印制大量广告产品，还利用各种新闻媒体进行宣传。

项目小结

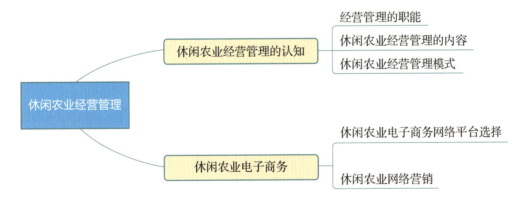

复习思考

1. 经营管理是什么？包括哪些职能？
2. 融资的渠道有哪些？融资的方式有哪些？
3. 什么是休闲农业经营管理？
4. 目前我国休闲农业的经营管理模式有哪些？

▶ 休闲农业

 技能训练

技能训练六　休闲农业经营管理模式分析

一、技能训练目标
通过调研，对家乡休闲农业的经营模式整理及分析。

二、技能训练材料与用具
实地、电脑和调查问卷。

三、技能训练步骤
1. 搜集家乡休闲农业管理经营模式。

2. 对某个休闲农庄进行经营管理分析，从资金、人力、技术和设施等多个方面进行介绍。

3. 选出你认为做得比较好的休闲农庄，并对它的经营模式进行分析。

四、技能训练报告
进行小组PPT汇报。

表 6-2　休闲农业经营管理模式分析实训评量表

专业班级：		组别：		姓名：		学号：		

各位同学：

　1. 为了体现休闲农业课程中休闲农业经营管理模式分析的实训教学效果，请在老师的安排下完成调研，并进行PPT汇报；

　2. 请针对下列评价项目并参酌"评量规准"，于自评、组评项按照A、B、C、D打分，再请老师复评。

	评量规准						
符号向度	A （80～100分）	B （60～80分）	C （0～60分）	D （0分）	自评	组评	教师复评
1. 整体内容 （30%）	紧扣主题、内容完整、重点突出、结构合理	基本做到紧扣主题、内容完整、重点突出、结构合理	主题不明确、内容不完整、重点不突出、结构不合理	无汇报PPT			
2. 模式分析 （35%）	经营管理模式分析清晰到位	经营管理模式分析较清晰	经营管理模式分析不清晰	无汇报PPT			
3. 展示 （35%）	汇报者精神饱满、表达清晰、有互动	汇报者基本能做到精神饱满、表达清晰、有互动	汇报者表达一般、无互动	无汇报PPT			
小计：							
合计：							
分享：							
						评价教师：	

参考文献

[1] 包乌兰托亚. 我国休闲农业资源开发与产业化发展研究[D]. 青岛：中国海洋大学，2013.

[2] 白忠义，于桂芬. 观光农业园区规划设计[M]. 北京：化学工业出版社，2017.

[3] 苍鹤. 现代休闲农业园规划设计研究[D]. 咸阳：西北农林科技大学，2014.

[4] 陈琳. 休闲农业园区主题文化表达研究[D]. 哈尔滨：东北农业大学，2015.

[5] 崔晨炜. 休闲农业生态园规划设计研究——以启东绿禾休闲农业生态园为例[D]. 南京：南京农业大学，2012.

[6] 高青. 社区经营：社区建设和管理的新理念[J]. 科学发展观与和谐社会，2007（9）.

[7] 姬悦. 都市型休闲农业发展模式与机制研究——以天津市西青区为例[D]. 北京：中国农业科学院，2016.

[8] 骆高远. 休闲农业与乡村旅游[M]. 杭州：浙江大学出版社，2016.

[9] 罗文斌，吴次芳，戴美琪，等. 城郊休闲农业旅游对社区居民的经济社会影响研究——以湖南省长沙市黄兴镇为例[J]. 农业技术经济，2008（4）.

[10] 罗佩. 新农村建设中休闲农业的规划设计研究——以郑州娄河新村为例[D]. 长沙：中南林业科技大学，2009.

[11] 吕明伟，任国柱，刘芳. 美丽乡村：休闲农业规划设计[M]. 北京：中国建筑工业出版社，2015.

[12] 马俊哲，耿红莉. 休闲农业和乡村旅游政策解读[M]. 北京：中国农业出版社，2019.

[13] 史亚军，秦远好. 休闲农业概论[M]. 北京：中国农业出版社，2012.

[14] 谈再红. 休闲农业概论[M]. 北京：中国农业出版社，2014.

[15] 谈再红. 谈谈休闲农业——基础·运用·案例[M]. 北京：中国农业出版社，2018.

[16] 唐雪琼，徐小茜，马聪. 古道明珠——凤庆县鲁史历史文化名镇保护规划[M]. 北京：科学出版社，2017.

参考文献

[17] 唐德荣. 休闲农业与乡村旅游实务[M]. 北京：中国农业出版社，2018.

[18] 汪皓. 基于体验经济的休闲农园优化研究——以舞钢市龙田休闲农园为例[D]. 重庆：重庆大学，2014.

[19] 王树进. 农业园区规划设计[M]. 北京：科学出版社，2011.

[20] 于文丽. 生态休闲农业园规划设计研究——以峰阳生态休闲农业园规划设计为例[D]. 泰安：山东农业大学，2014.

[21] 严贤春. 休闲农业[M]. 北京：中国农业出版社，2011.

[22] 张胜利. 中国休闲农业发展现状与对策研究[D]. 长沙：湖南农业大学，2014.

[23] 郑丽洁. 体验视角下的休闲农业园规划设计研究——以扬州市浦头休闲农业园为例[D]. 南京：南京农业大学，2013.

[24] 朱绪荣. 现代农业园区规划案例精选[M]. 北京：中国农业科学技术出版社，2016.

[25] 刘红霞. 台湾休闲农业经营管理模式对海南的启示[J]. 现代经济信息，2013（22）.

[26] 耿品富，梅素娟，肖兴跃，等. 乌当区休闲农业与乡村旅游管理经营模式探索[J]. 贵州农业科学，2012，40（05）.

[27] 谢炳东. 休闲农业现状及发展策略[J]. 农家参谋，2020（10）.

[28] 陈杉艳，沈雪梅，罗志伟，等. 浅谈休闲农业在昆明都市农业发展中的意义[J]. 云南农业科技，2019（06）.

[29] 高忠锐. 现代休闲农业发展研究[J]. 山西农经，2019（11）.

[30] 王子齐. 台湾的休闲农业[J]. 台湾农业情况，1990（04）.

[31] 章继刚. 创意农业的特征及发展规划[J]. 农民科技培训，2008（12）.

[32] 秦向阳，王爱玲，张一帆，等. 创意农业的概念、特征及类型[J]. 中国农学通报，2007，23（10）.

[33] 陈义挺，龙宇，赖瑞联，等. 积极发展创意农业 助力乡村产业振兴[J]. 发展研究，2020（01）.

[34] 史慧俊. 都市农业发展研究[J]. 乡村科技，2018（33）.

[35] 宋艺. 国外都市现代农业的典型模式及经验启示[J]. 现代经济信息，2020（05）.

[36] 邱国梁，姜昊. 中国都市农业发展探析[J]. 湖北农业科学，2019，58（20）.

[37] 闫国龙，宋明珠，稽道生. 休闲农业与乡村旅游[M]. 北京：中国农业科学技术出版社，2017.

[38] 任瑜艳，李少清. 东莞可园风景区旅游资源开发研究——基于"三三六"评价法[J]. 产业与科技论坛，2021，20（03）.

休闲农业

［39］黄月红，金桓先．我国休闲农业资源的构成及其开发利用对策［J］．上海农业科技，2020（05）．

［40］曹璞，吕妮，马骞．郊区休闲农业文化资源开发利用现状及对策［J］．农业工程，2019（02）．

［41］陆梅．休闲观光农业园经营与管理［M］．北京：中国林业出版社，2020．

［42］徐丁，李瑞雪，武建丽．休闲农业与乡村旅游［M］．北京：中国农业科学技术出版社，2018．

［43］史亚军．休闲农业巧经营［M］．北京：中国农业出版社，2011．

［44］黄凯．休闲农业与乡村旅游［M］．北京：中国财富出版社，2016．

［45］吕彦，张慧媛．实战营销休闲农业［M］．北京：中国农业出版社，2014．